JN205918

異文化理解ワークショップ

〈トム・ソーヤ〉を遊ぶ

楽しく創造的な学びをめざして

武田富美子・吉田真理子 編著

晩成書房

北アメリカ大陸の地図

map

〈トム・ソーヤ〉を遊ぶ

ワークショップ参加者がイメージを共有できるように用意した絵。 本文90ページ参照

絵：宮崎聡子

蒸気船

キールボート

平底船

グリズリー

ワニ

オックス

カミツキガメ

ヒョウガエル

異文化理解ワークショップ

〈トム・ソーヤ〉を遊ぶ

楽しく創造的な学びをめざして

武田富美子・吉田真理子 編著

本書に寄せて

渡部　淳

『〈トム・ソーヤ〉を遊ぶ』、何とも魅力的なタイトルである。そして本書の全編にテーマ探究のワクワク感がみなぎっている。

いま日本のドラマ教育には勢いがある。近年の動向を、教育という海岸に打ち寄せる大きな波に例えるとして、この本を手にする読者は、アメリカ文学を素材とする新しい挑戦にふれ、打ち寄せるドラマ教育の波が、さらに加速したと感じることだろう。

では、著者の武田富美子さんと吉田真理子さんは、ドラマ教育のなかでどんなポジションにいるのか。端的に言えば、最もアクティブな実践的研究者のグループに属している人たちだと言える。

アクティビティの体系化と教師研修プログラムの開発に取り組んできた獲得型教育研究会（略称：獲得研）のほとんどの出版事業でも、自らの実践と理論研究の成果を精力的に発信してきた。

その２人がタッグを組み、長い年月をかけて完成させたのが本書である。ここまでくるのに、どんな紆余曲折があったのか、その舞台裏まで含めて丁寧に書いている。それだけに、内容の厚みはもちろんのこと、一つ一つのエピソードも含めて、様々な角度から楽しめる本になった。

「ＦＭプロジェクト」のＦ（ふうみん）さんは稀代の面白がりである。自分の関心に正直な人だから、いったん“これだ”となったら、躊躇することなくどんどん未知の領域に踏み込んでいく。一方のＭ（まりこ）さんは、誰に言わせても慎重派という評になる。ただし、それは動き始めるまでのことで、いったんスイッチが入ると、もの凄いスピードで動きだす。発現の仕方こそ違え、要するにポテンシャルが高い２人である。

もともと専門領域どころか、気質の面でもかなりかけ離れた２人がタッグを組んだのである。これはもう衝突が不可避だということになる。

もはや伝説になりつつあるのだが、６年前の共同ワークショップのアイデア調整が大変だったらしい。そのときのサブ・ファシリテーターは、ＴさんとＳさんである。２人とも性温厚、いつも冷静な語り口の人たちだ。

その２人が、喫茶店で開かれた直前の打ち合わせに同席することになった。ところがＦＭコンビの話し合いは、激しいぶつかり合いの様相を呈し、双方一歩も引きさがる気配がない。

よく事態が呑み込めないまま、その場に居合わせたサブ・ファシリの２人こそ災難である。まるで出会いがしらの事故にあったようなもので、“これこそ修羅場だ”と感じたのも無理からぬことだった。

今だから告白するが、Ｔさんたちからその時の様子を聞いて、半分しめしめと思ったことも確かである。予定調和の関係から新しいものは生まれない。異なる個性がぶつかりあってスパークする時、そこで新しいものが生れる。新しい変化は、常に異文化接触の最前線で起こっている、と考えているからだ。開拓的な仕事もそうした場所で成し遂げられる。

このセミナーが終わったら、おそらくコンビを解散するだろうと予測した人が多かった。Ｔさん、Ｓさんからして、７年もの歳月を経てこうした成果が刊行されることになるなど、当時は想像もできなかったはずである。その意味で、いまや円熟の域に達しつつある「ＦＭプロジェクト」のコラボこそ、人生の出会いの面白さ、人生の不思議議を象徴する出来事である。

本書の刊行は、ドラマワークを通じて、マーク・トウェインの世界に通じる新しい道が切り拓かれたことの証である。

読者の方々には、マーク・トウェイン文学への愛情あふれるオマージュ、様々なアクティビティを駆使して展開されるワークショップなどを存分に味わいつつ、２人で切り拓いたこの一本の道を、ゆっくり散策していただきたいと思う。

さて、ここからは余談ということになるのだが、この２人には“もうこの辺りでいいだろう”という言葉がないようだ。ワークショップでも、常にギリギリまで工夫を重ねている。もちろん〈トム・ソーヤ〉も真剣に遊んでいる。この本の爽やかな読後感は、そうした２人の姿勢から来ているもののようである。

なあなあで妥協するのではなく、とことん議論をたたかわせ、ディベートを重ねる。そのプロセスで相手への信頼感が徐々に醸成されていく。そうした志向性こそ、これからの多文化社会で求められることだ。ここに未来社会の自立した人間関係を見ることができるのではないか、私はそんな風にも感じている。

（獲得型教育研究会代表・日本大学文理学部教授）

〈トム・ソーヤ〉を遊ぶ●もくじ

カバー・表紙絵
宮﨑聡子

まえがき

『トム・ソーヤの冒険』の主人公トムは、学校をサボって、ミシシッピ川に泳ぎに行き、夜遅くまで外で遊び、そうっと自分の家の窓から忍び込もうとするところをポリー叔母さんに見つかり、罰として土曜に「重労働」を命じられます。塀塗りの仕事です。せっかくの土曜にやるつもりだった遊びのことが思い浮かび、トムは憂鬱です。そのうち仲間が通りかかり、仕事をさせられている自分をさんざんからかうだろう。しかし、ここである考えがトムにひらめきます。

まもなく仲間のベンがやってきて、塀塗りをしているトムに声をかけます。「よおトム、仕事させられてんのか？」

トムは相手をじっと見て言います。「仕事、って何のこと？」

ベンはそのトムのことばに驚きます。「え、それ仕事じゃないの？」

トムは切り返します。「塀に漆喰塗るチャンス、毎日来るかい？」

このトムのことばの影響力は大きく、ベンを初めとするトムの仲間たちはこぞって自分の宝物と引き換えに、塀塗りという特別なイベントに自主的に参加することになります。トムは人間の行動をめぐる大きな法則を発見したのです。

「仕事」とは強いられるもの、「遊び」とは強いられないもの。

『トム・ソーヤの冒険』をテキストとして授業のなかで読み解く、と聞いただけで皆さんは、土曜の朝、重いバケツと刷毛をもって塀の前に立った瞬間のトムのように憂鬱になりませんか。それは「仕事」としてとらえているからです。そこにはストレスがかかります。その思考を「遊び」に転換してみましょう。すると、アラ不思議、『トム・ソーヤの冒険』が宝箱に見えてきます。宝箱に手を伸ばして、中をのぞいてみたいワクワク感、好奇心が湧いてきませんか。

あるきっかけから、協働でドラマ・ワークショップの開発に乗り出した武田富美子（ふうみん）と吉田真理子（まりこ）は、名前の頭文字をとってFMプロジェクトを発足させました。この本は、〈トム・ソーヤ〉の宝箱に魅せられたファシリテーターふたりとそのワークショップに参加した人たちの、冒険と探求心に満ちた、遊びと学びの創造の記録です。

第１章は「遊びのタネ」。遊びのタネでもあり、作家マーク・トウェインの核ともいえる３つの要素、「冒険」「笑い」「ユーモア」に焦点を当て、それが21世紀を生きるわたしたちにどのようにつながるのかについて、ドラマ教育におけるマーク・トウェインについて長年考えをあたためてきた吉田真理子が述べています。

第２章は「遊びきる」。教員および教員を目指す学生を対象として実施した、津田塾大学でのワークショップの記録です。

ワークショップは、マーク・トウェインの『トム・ソーヤの冒険』を出発点として、トウェインの生きた19世紀アメリカ中西部ミシシッピ川流域を舞台に、異文化理解を軸として実施しました。

津田塾大学でのワークショップは、参加者を公募するのではなく、ファシリテーターふたりがお互いの知り合いに声をかけて集まってもらいました。幸い、現職の小・中学校の先生方、３つの大学の学部生・院生、そのなかには日本語を母語としない学生もいて、多様な背景をもつ異年齢のグループとなりました。ワークショップに参加した人たちが寄せてくれた率直な声は、プログラムを実に長い時間をかけて考案してきたふたりのファシリテーターを勇気づけるものでもあり、またプログラムをさらに改良していくうえでも大きなヒントとなりました。

また、ファシリテーターふたりによるワークショップの振り返りも挿入されています。チーム・ティーチングで授業を計画・実行するとき、チームがどのように話し合いながらプログラムを練っていくのか、参加者のリスポンスにどう応えるのかなど、読者の今後の参考になるかもしれないと思い、敢えて舞台裏をご紹介する構成を考えました。

読んでいただければわかりますが、このワークショップでは、実に様々な表現方法を体験します。歌あり、演技あり、絵も描く。得手・不得手は問われません。参加者たちが共に楽しく遊び、こころもからだも解き放たれ、創造的な学びへと誘われていく、それが水先案内人としてのファシリテーターの腕の見せ所です。そして、楽しく遊びきったあと、元気が湧いてくる。次はこんな遊びをしてみよう、というアイディアも湧いてくる。そういった授業づくりへとつながっていくことを期待する教員研修（教員養成）のひとつの提案でもあります。

第3章は「遊んだあとで」。元小学校教員でインプロバイザーの鈴木聡之さんと小学校教員の藤原由香里さんに、津田塾大学と、半年後の立命館大学でのワークショップに参加した感想を書いていただきました。このふたりは、私たちのプロジェクトが始まったころから見守ってきてくれた仲間でもあります。

鈴木さん（スゥサン）には、津田塾大学でのワークショップが、立命館大学ではどのように変化したかを中心に書いていただきました。実は、津田塾大学でのワークショップの半年後、少しバージョンアップして、立命館大学でも実施しています。津田塾大学でのワークショップを基本としながら、それに参加者の声をヒントに改良しました。また、知り合いに声をかけた前者の場合と異なり、公募で参加者を募集した後者のワークショップは、学部生・院生よりも、教員が多くなりました。メンバー構成が異なり、ワークショップの空間も変わると、グループダイナミックスも変わってきます。

それに影響を受けてか、同じようなプログラムでも少し展開が変わってきます。でも、いずれのワークショップにも共通していたことは、参加者もファシリテーターも大いに楽しみ、ワークショップの時間が進むごとにどんどん元気になっていき、最後はみんなの笑顔に包まれて幕となったのでした。ワークショップがどのようにブラッシュアップされたのか、両方のワークショップを体験されたスゥサンの貴重な記録から読み取っていただければと思います。

藤原さん（キューピー）は、比較というよりも、両方のワークショップで経験したことを、現職の小学校教員としての視点も持ちつつ、参加者として実感豊かに書いてくださいました。私たちは、教員研修のプログラムとして実施したわけですが、それを小学校に取り入れたらどうなるか、具体的なプランも示してくださっています。教科の枠にとらわれず、カリキュラム横断的な学習プランとなっています。これからの授業づくりへのヒントがここにあります。

第４章は「主体的な学びと遊び」。「持続可能な社会」という観点から武田富美子が学習について書いています。「大学の授業に演劇的手法を生かす」という点で共通している吉田と武田のもうひとつの共通の関心事が、自然環境や持続可能な社会です。教員であるふたりはそれぞれ異なった科目を担当していますが、教育の目的はその科目についての知識を一方的に詰め込むことではないはずです。そもそも何のための教育か。どのような学習方法が求められるのか。武田自身の教育観の変化にも触れながら、持続可能な社会の担い手を育てる学習について考えてきたことを述べています。

第５章は「共に遊びを切り拓く」。ファシリテーターを協働でつとめ、この本の共著者ともなっているふたりが、どのように出会い、どのように協働の道を歩むことになったのか。FMプロジェクトの発足も含めて、その７年にわたる軌跡が綴られています。『トム・ソーヤの冒険』の舞台であるミズーリ州ハンニバルを訪れ、〈トム・ソーヤ〉はいまも健在であることを実感し、ふたりが語り合った旅の記録も写真とともに収められています。共同の実践と個別の実践を重ね合わせながら、それがやがて新たな創造へと飛翔していく、そのプロセスを追体験していただけたら幸いです。

この本は、「主体的・対話的で深い学び」をどのように実現していこうかと考えておられる教員の方々、教員をめざす方々にぜひ手に取っていただきたいと思います。また、このワークショップは、これからの教員研修の在り方を先取りしたものであると自負しています。参加者が主体的に、そして協働的に学びを深めるだけでなく、笑いに活力をもらいそれぞれの持ち場へ帰っていく、そういった元気の出る研修づくりのヒントになればこれ以上嬉しいことはありません。

第1章
マーク・トウェイン
〜冒険 笑い ユーモア〜

「だるまさんが縄跳びした！」

"People forget that no man is all humor, just as they fail to remember that every man is a humorist."

Interview in New York Times, November 26, 1905.

「100%ユーモアに満ちあふれた人というのはいないように、人はだれもがみなユーモアのセンスをもっている、ということも忘れられがちだ」
マーク・トウェイン 『ニューヨーク・タイムズ』紙（1905年11月26日）のインタビューより

●冒険家マーク・トウェイン

「トム・ソーヤ」の生みの親であるマーク・トウェイン（本名サミュエル・ラングホーン・クレメンズ）は、1835年ハレー彗星とともにこの世に生を受け、1910年ハレー彗星とともにこの世を去ったと言われますが、その74年の生涯は冒険に満ちていたといえます。

1830年代のアメリカは西部開拓時代を迎え、クレメンズが家族とともに移り住み17歳まで暮らしたミシシッピ河畔のミズーリ州ハンニバルは人口1000人足らずの奴隷州でした。治安判事であった父が亡くなると家計は苦しくなり、12歳だったクレメンズは学校をやめて新聞配達、雑貨店や本屋でも働き家計を助けることになります。その後、印刷工となり新聞や雑誌に寄稿したりもしますが、21歳のとき、南米に旅立つつもりで乗り込んだニュー・オーリンズ行きミシシッピ川の蒸気船で名パイロット（水先案内人）ホレス・ビクスビーと知り合って弟子入りします。

『トム・ソーヤの冒険』の序章で、トムの塀塗りを冷やかしに集まってくる少年たちのなかで最初に登場するベン・ロジャースは、「ビッグ・ミズーリ」号という豪華な蒸気船、その船長、警鐘を一人三役でダイナミックに演じています。物語のなかで漆喰塗りをやっているトムはベンの演技に見向きもしませんが、蒸気船の組員になることは、クレメンズが幼年時代を過ごしたミズーリ州ハンニバルの少年たちの憧れであり大望であったと、後年、クレメンズは『ミシシッピの生活』のなかで振り返っています。

さて、2年の厳しい修行を経て、蒸気船パイロット免許状を取得したクレメンズは、その先「一生（ミシシッピ）川を離れず、使命を終えたときに舵輪を取りながら死ぬのだろう」（『ミシシッピの生活』上巻　p.234）と思い、そう願ってもいたそうです。しかし、南北戦争勃発により失業し、一攫千金を夢見てネヴァダやカリフォルニアで金銀の採掘者の仲間入りをするも無一文となり、地元の新聞紙に寄稿するうち、その腕を買われて新聞記者となりハワイ諸島やヨーロッパなど渡航した経験を旅行記や短編にしていきます。

その旺盛な執筆活動と並行して、時事的・政治的なネタで喜劇的なパフォーマンスを取り入れた講演をニューヨークで行い、東部の聴衆に自分のユーモアと語りのスタイルが受け入れられたことに自信を得ます。その後も『トム・ソーヤの冒険』(1876年初版発行)や『ハックリベリー・フィンの冒険』(1885年アメリカでの初版発行) など出版し、評判となっていった作品の登場人物になりきって作品からのエピソードをユーモラスに語るレパートリーも加えた巡回講演を数多く行っていきます。

作家としての名声を確立していったクレメンズは、短編・長編小説だけでなく旅行記、SF、ファンタジー、戯曲といった様々なジャンルとスタイルの作品づくりに挑戦し、時には何年もかけて原稿を推敲したり書き直したりしています。ちなみに、『ハックルベリー・フィンの冒険』は、11年もの歳月をかけて世に送り出しています。また、晩年にはコンゴの改革運動にも関わるなど、常に世界情勢に目を向け、自分の足で世界の様々な地域を訪れています。一方、出版社を立ち上げるも破産し、ペイジ植字機に投機するも実用化に失敗し、その多額の負債返済のため世界一周講演旅行に出かけている間に最愛の長女を24歳の若さで失くし、続けて妻、三女にも先立たれるなど、その生涯で様々な喪失にも直面しています。でも、その心の痛みに打ちひしがれ、無気力、無関心に堕することなく彼は執筆を続けます。

「私を書くことに向かわせるのは何なのだろう、喜劇的な空想に耽り、それを言葉に表現して書き留めることを楽しんでいるのは、私の中の何なのだろう」と終生の友ウィリアム・ディーン・ハウェルズに宛てた手紙(1897年2月23日付) に書き綴っていますが、絶望の淵から幾度も再起する彼のバックボーンとなっていることは何でしょうか。ここでは彼の幼少期と、将来の職業を模索していた血気盛んな青年期の体験に関わりが深い主に2つの点に注目してみたいと思います。

●ペンネームとしてのマーク・トウェイン

一つは彼が27歳のとき西部ネヴァダの新聞に紀行文を寄せたときに初めて用いた「マーク・トウェイン」というペンネームです。それは、蒸気船のパイロット用語から来ていますが、それまでジョッシュ〔ジョークとボッシュ（たわごと）の合成語〕など様々なペンネームを用いていたクレメンズがその後終生この名前を用いて作品を発表しアメリカ文学史にその名を長く刻むことになる、いわば文筆家として転機をもたらすことになった自己への命名といえそうです。

『ミシシッピの生活』(1883) に、クレメンズが蒸気船のパイロットを志し免許を獲得するまでの修行時代が数章にわたって語られています。実体験に基づく様々なエピソードのなかには、見習いパイロットとしての失敗談が自嘲的ユーモアを交えて描かれています。例えば、舵さばきが上達しミシシッピ川についてかなり熟知したと「キリンの鼻の高さほど鼻高々に」船を走らせるようになっていた頃のエピソードがあります。川全体のなかでも特に水深が深く「目をつぶってても渡れる」区間の渡り水路に船を向けて進めていたとき、ボスのホレス・ビクスビーが操舵室を出てその姿が見えなくなります。そのかわりに船長、一等航海士が現れ「右舷測深！急げ！」と声をそろえて叫び、測鉛手が「二尋半！二尋と四分の一！水深二尋！（マーク・トウェイン！）」と叫びます。水深二尋は、船が座礁しないギリギリの水深です。見物人が集まってきます。まだ見習いの身であるクレメンズはすっかり気が動転し、鐘綱をつかむ手も震え、伝声管で機関士に助けを求めます。すると、いつの間にかボスのビクスビーがそばに微笑んで立っています。彼はビクスビーにかつがれたのでした。ボスは言います。自分の経験から渡り水路が底なしに深いということを知っていたのであれば、その確信をぐらつかせてはいけない。そして、難所に行き当たった時に動揺してはいけない。それがビクスビーの授業でした。クレメンズの修行は進みます。

「やがてのこと、水の面はすばらしい本となった…人間が書いた書物にこんなすばらしいものはない。これほどまでに人を夢中にさせ、中途でだれることもなく、読みかえすごとに生き生きとよみがえる興趣をもった書物はない。」

クレメンズのミシシッピ川への愛と畏敬、そしてパイロットという職業への誇りが感じられる一文です。

この作品のなかではまた、パイロットに必要な資質についても語られています。まずは記憶力です。しかしそれよりも「高次な二つの資質」として挙げられているのが、正しくすばやい判断と決断の能力、どんな危険にもたじろがない冷静な胆力です。判断力には知力が関わっていて、そもそも知力が備わっていなければパイロットとして成功する見込みはないとクレメンズは断言しています。裏を返せば、蒸気船パイロットの免許を取得し、南北戦争勃発により失業するまで、18隻の船を操縦して無事故の記録を樹立したクレメンズには、パイロット見習い時代に養われたともいえる、これらの資質を自分がすべて備えているという自負が、行間から読みとれるでしょう。

人生という航路の暗礁に乗り上げそうな事態に直面しながらも、「私を書くことに向かわせるのは何なのだろう、喜劇的な空想に耽り、それを言葉に表現して書き留めることを楽しんでいるのは、私の中の何なのだろう」と友人ハウェルズに宛ててクレメンズが書いた手紙を前に紹介しましたが、それは「マーク・トウェイン」というペンネームを彼が選び取ったことが示唆的と思いますが、パイロット見習い時代に養われた判断力、決断力、胆力そして勇気ではなかったでしょうか。

●笑いとユーモアの原点―ほら話

ここで、もうひとつ、絶望の淵からクレメンズを救うバックボーンになっていると思われる若き日の彼の体験に光をあててみましょう。さきほども引用した『ミシシッピの生活』は、ミシシッピ川の歴史から始まり、前半はクレメンズの自伝的要素が濃く、後半は21年ぶりにミシシッピ川を訪れた旅行記という構成になっています。前半第三章で、蒸気船が進出してくる前のミシシッピの水運について語られています。それによると、ミシシッピの最初の水運を担ったのは、大型の平底船やキールボートでした。蒸気船が進出してきた時期も平底船、キールボート、材木筏はまだ重宝されており、クレメンズが幼少時代を過ごしていたミズーリ州ハンニバルを通過していった雄大な筏の列、香りのよい板組などが懐かしさをもって描かれています。

さて、その乗組員たちですが、みな荒くれ者です。クレメンズは子どもの頃、ミシシッピ川を泳いで筏に這い上がり川の旅としゃれこんで筏乗りたちの様子や語りに耳を傾けた体験をもっており、その荒くれ男たちの気風や話しぶりをこの作品で再現しています。それは、クレメンズがアメリカ中西部に暮らし子どもの頃から親しんでいたアメリカンユーモアの原点ともいえる「ほら話」のスタイルを伝える好例と思いますので、以下に少し長くなりますが、この作品から紹介してみたいと思います。

甲板で当直をやっている13人の荒くれ男たちは焚火を囲み、すずのコップをもって、酒びんをたえず回しています。どの男も屈強で見るからに乱暴そうな連中ばかりです。一人の男ボブが歌うと、他の男たちにさんざんからかわれ、歌った男は仲間をののしりはじめ、ケンカを売ります。ケンカを買って出たのは、一番大きな男チャイルドです。ふさ飾りのついたバックスキンの上着を脱ぎ捨て、リボンのびっしりついた帽子も脱ぎ捨てて、とびあがって踵を打ちあわせるとすごい声でがなります。

「おれさまはアーカンソーの荒野から出た〈非業の死〉とか〈大惨事〉とか呼ばれる男だ。おやじさまはハリケーン、おふくろさまは地震、コレラは片親違いの兄弟、天然痘は母方の近い親戚だ！　よっく見ろよ！　元気のいいときゃ、ワニ29匹とウィスキー1バレル、具合の悪いときゃ、ガラガラ蛇1ブッシェルと死体1つがおれの朝めしだ。おれのひとにらみで堅固な岩も砕け、おれがものをいやあ雷鳴もかき消されるのじゃ！」

さて、ケンカを売ったボブは、それに応戦すべく飛びあがって空中で踵を3度打ち合わせ、ひらりと下りて乗組員仲間の喝采を浴び、チャイルドを越えるべく大音量で大ぼらを吹きます。

「おれは悪の申し子だ、おれに力をださせちゃいけね！　遊びたい気分になりゃ、緯度と経度をたて糸よこ糸にして、その網を曳いて大西洋で鯨をとろうというおれだ！ 寒けりゃメキシコ湾の水を汲み出してきてつかる。暑けりゃ赤道あたりの暴風にあおがせるって寸法さ。腹を空かしてうろつけば、おれの通ったあとは大飢饉よ。わおーっ！ 頭をたれてひれ伏せよ！」

大ぼらの応酬はさらにつづきますが、取っ組み合いにはなりません。業を煮やした黒いひげをはやした小男がボブとチャイルドをまとめてひっつかんで蹴とばし、他の連中がはやしたて笑うなか、2人の男はまじめくさって握手をし、これまでもずっとお互い一目おいてきたのだし、済んだことは水に流そう、と仲直りをして、ミシシッピ川の水で顔を洗ったところで、号令がかかり持ち場につきます。

大酒飲みでケンカ好き、無鉄砲で、金遣いは荒く船旅が終われば一文無し、派手な服装を好み、大ぼら吹きである筏の乗組員たちですが、根は正直で約束と義務はしっかり果たす、たいていは「驚くほど気持ちの広い男たち」であったとクレメンズは回想しています。ミシシッピ川という巨大な自然を相手にした筏乗りを生業としている乗組員たちのように、自分の力を誇示して大自然と張り合う「ほら話」の語り手となること、また聞き手として享受することも、開拓地・辺境地の厳しい現実を乗り切る民衆の娯楽であり、生き抜いていく知恵でもあったでしょう。

●ストーリーテリングとユーモア

クレメンズが金銀採掘を夢見てカリフォルニアにいた20代の終わりに、シェラ山中にあるジャッカス・ヒルという場所を仲間と訪れたことがあります。そこから鉱山町エンジェルズキャンプにたどり着いた12月初旬は冬の雨が降り続き、雨と泥にまみれてようやくたどり着いたクレメンズたちは屋内に閉じ込められ、惨めな思いでいました。そのような状況のなかで荒れ果てた酒場のストーブのまわりに集まって、「跳び蛙と鉄砲玉」というその地域で語り継がれている逸話をひとりの鉱夫から聞くことになります。

クレメンズが特に興味をそそられたのは、その逸話のナンセンスさもさることながら、それを語る鉱夫の語り口とその話の聞き手にまわっているほかの鉱夫たちの反応でした。語り手の鉱夫は、その跳び蛙の話を、新しく仕入れてきた話としてではなく、自分が目撃した出来事で、その記憶から淡々と真面目に語り、また聞き手も事実あった語り継いでいくべき話として大真面目に聞き、笑う者はだれ一人いなかった、と言っています。そして、語り手と聞き手の鉱夫たちは、その話の中で、よそ者が蛙の飼い主であるジム・スマイリーをだました手口の賢さと、よそ者が蛙の生態に精通していることにひたすら感心し、その話と語り方に漂うユーモアにまったく気づいていなかった、というのです。クレメンズたちはその後、その酒場で聞いた「跳び蛙」の話を引き合いに出しては仲間うちで笑い合い、それは雨と泥にまみれたエンジェルズキャンプでの惨めな滞在に一条の陽気な光が射し込むような出来事であったと回想しています。

クレメンズが、金銀採掘による一攫千金の夢はとうに潰え、陰鬱な気分のなかで掘り当てたこの笑いとユーモアの鉱脈を、いかに文字にして読み手としての観客に伝えられるかに腐心して書き上げた「ジム・スマイリーと彼の跳び蛙」は、『ニューヨーク・サタディ・プレス』紙に掲載され作家マーク・トウェインの出世作となりました。作品を以下にごく簡単に紹介してみましょう。

クレメンズは作品の中で、「私」が東部の友人アーティマス・ウォードから依頼されて、レオニダス・スマイリー神父の消息をサイモン・ウィラーという人物に会って聞くべく、エンジェルズキャンプを訪れる、という設定にしています。その寂れた酒場のストーブのそばでまどろんでいたサイモン・ウィラーは、レオニダス・スマイリーという名前をきいて、むかし、その地にやってきたジム・スマイリーという男の話を始めます。ジム・スマイリーは、賭けに目がなく、競馬はむろんのこと、ねこやひよこ、虫、犬のけんか、さらには、牧師の奥さんが病から回復しないことにも賭けました。彼はめっぽう賭けに強い男です。あるとき、彼は蛙をつかまえ家に持って帰って、３カ月、跳躍の特訓をしました。そこへ見知らぬ男がやってきて、スマイリーの隙をねらってその蛙に小さい弾丸を詰め込みます。それと知らないスマイリーは蛙が跳べず賭けに負け、首をかしげます。ジム・スマイリーの話はさらに続きますが、「私」はいつまでたっても語り手サイモン・ウィラーからレオニダス・スマイリー神父の話を聞きだせずじまいでした。「私」を一杯食わすつもりであったのなら、それは成功でしたよ、と「私」はウォードに宛てた手紙に書き送ります。

クレメンズは後年、「ストーリーの語り方」(1895) というエッセイを書いています。ここで彼がとりあげているのはユーモアのある語り方についてです。そのエッセイによれば、話の内容の不釣り合い、不調和、ずれ、に語り手本人は気づかない様子で、聞き手の意表を突くことを特徴とします。語り手自身は自分が語っている話のどこが可笑しいのか、話のツボに気づいていない風であることも、聞き手がユーモアを感じる語り方であるといいます。そして、語るときの「間」のとり方は、どのようなストーリーを語る時にも肝となるものですが、短すぎても長すぎても、語り手が期待する聴衆の反応を得ることはできません。さらに、語り手の特徴としては、誠実でお人よし、純朴で飾り気のないことが大事であると強調しています。

さて、前述した「跳び蛙」の話はどうでしょうか。賭けに強い西部の男ジム・スマイリーが賭けの対象として選ぶものはなんでもありで、実に荒唐無稽な話になっています。一方、語り手は途方もない話をしているとは微塵も感じておらず、きわめて真面目に淡々と表情一つ変えることなく語っていきます。そしてトウェインの作品のなかでは、「私」がレオニダス・スマイリー神父の話を聞きに来たにもかかわらず、語り手はジム・スマイリーという賭博師の話を始めます。名前を取り違えていることに気づく気配は一向になく、ついに「私」が脈なしと判断して語り手の前を立ち去るまで、延々と賭博師ジムの語りが続きます。話の内容は聞き手の期待と最初からずれが生じていますし、語り手の純朴さがにじみ出る語り口と無表情な様と、語られる内容のとりとめなさという不調和もユーモアを生んでいるといえるでしょう。

この語り手の無表情さは “deadpan” と呼ばれる、ユーモアのある話をするとき語り手がとるテクニックでもあります。クレメンズも講演のなかでこのテクニックを用いています。そして聴衆がどっと笑うと、なにが可笑しいのかポイントが見えないというふうに語り手は驚いた表情を浮かべて観客を見る、というスタイルです。この無表情さは「何食わぬ顔」にもつながるでしょう。

この本のまえがきで、『トム・ソーヤの冒険』の序章、トムの塀塗りの場面に言及しました。遊び過ぎて夜遅くに帰ってきた罰としてトムはポリー叔母さんから、土曜の休みに、塀の漆喰塗りという重労働を課せられます。案の定、男の子たちが仕事をさせられているトムをからかいにきます。最初に登場するベン・ロジャースは泳ぎに行くところで、「お前は、仕事の方がいいんだよな？」とトムに冷やかし半分に言います。すると、トムは少しのあいだ相手をじっと見てから、言います「仕事って何のこと？」一瞬、空気が変わります。「それ、仕事じゃないの？」と問い返す相手に、トムはこともなげに答えます。「ま、そうとも言えるか、言えないか。とにかく俺様には合ってるよ」そして、漆喰塗りが好きなのか？と問いかける相手に、「塀に漆喰塗るチャンス、毎日来るかい？」と問いで返します。「ちゃんとできる子どもは千人に一人、いや二千人に一人じゃないかな」トムは無表情で淡々と言っているにちがいありません。ついにトムはベンのリンゴを全部もらうことと漆喰塗りをやってもらうことに成功します。

ベンと、そしてそのあと続く大勢の男の子たちはトムにかつがれたとは思っていないでしょう。漆喰塗りの仕事を押しつけられたとはゆめ思わず、またとない漆喰塗りのチャンスをもらったことに意気揚々として、楽しんで漆喰塗りを手伝っているはずです。このトムとベンとのやりとりで興味深いことは、トムは相手を騙しているというよりも、相手の意表を突く発想の転換があることです。人は強いられるから〈仕事〉となり憂鬱になることも、貴重なチャンス到来ととらえることができれば〈遊び〉になる、というわけです。この場面を読んでトムの話術に思わず笑ってしまうのは私だけではないでしょう。そして、笑いは〈仕事〉という概念を距離化してみる助けとなり、〈遊び〉という捉え方へと発想を転換できることに気づかせてくれます。そこには私たちがたくましく生きていくヒントがあるといえるでしょう。

●笑いとユーモアの果たす役割
――脳科学、異文化コミュニケーションの視点から――

笑いにより免疫力が高まり、また脳の活性化とともに脳全体がリラックスするという実験結果が近年報告されて、笑いの健康効果について注目が集まっています。英語の“humorist”（ユーモリスト）は当初、気分屋、風変わりな人の意味合いで用いられていたのが、19世紀以降、人を笑わせる才能をもつ人を指すようになり、ユーモアのセンスといえば、人がもつ重要な性格特性として特に英語圏では評価されるようになってきたと雨宮俊彦氏は『笑いとユーモアの心理学―何が可笑しいの？―』(2016) で説明しています。この章でこれまで述べてきたマーク・トウェインもその一人でしょう。

さて、雨宮氏は、笑いとユーモアの効果を7つ挙げています。（1）痛みの緩和（2）興奮（3）脱力（4）ネガティブな感情効果の緩和（5）新奇な発想の促進と創造性（6）距離化と気晴らし（7）親和性と親近感の醸成。この7つのなかで、人が笑っているときの身体に注目しているのが（1）（2）（3）です。雨宮氏は笑う身体が交感神経の活性化による活動・興奮状態であるのと同時に、脱力し弛緩した状態にあることを実験結果から示し、笑いは快・興奮・弛緩によって特徴づけられると述べています。また、笑いによってポジティブな感情を誘導することで、ネガティブな感情がもたらす心拍や血圧の増加などの昂進が元の状態にすみやかに回復しやすくなるだけでなく、創造性が広がり新奇な発想が生まれやすい状態となります。（6）（7）に関して、雨宮氏は、笑いとユーモアが他のポジティブな感情と異なる点は、遊びを基盤としていることであると指摘し、遊びを基盤としたユーモアは、過剰になる目的との同一化から距離をとることを可能にすると説きます。また、「気晴らし」は、シリアスな目的からはなれた快の活動という意味では基本的には遊びであり、笑いやユーモアに接することも、散歩や入浴、雑談などとともに、一時的であれ気分を改善させる効果があると言います。（7）について、笑いやユーモアは社会的な遊びを基盤としており、笑顔や笑い声は相互に感染し、ユーモアの可笑しみを共有する人の間にも親和性が生じると雨宮氏は述べています。

この（7）親和性と親近感の醸成について、異文化コミュニケーションの視点からはどのようなことが言えるのでしょうか。大島希巳江氏は『日本の笑いと世界のユーモア　異文化コミュニケーションの観点から』(2006) のなかで、ユーモアが聞き手をオープンマインドにさせる機能について述べています。聞き手が必ずしも同意していないことについても、ユーモアを介して語ることで同意させる、あるいは理解させることができる。つまり、ユーモアは価値観の壁を乗り越える働きをもつ、というのです。それは、笑わされている人は攻撃力を失うという、ユーモアのもつは武装解除機能ともつながるでしょう。一方、自嘲ユーモアは自分の不安や緊張の原因となる自分の欠点から私たちを解き放ち、精神の安定を取り戻す防御機能を有するとも言っています。さらに、ユーモアがコミュニケーションの場におけるアイスブレーキング的な役割を果たし、グループに共通の笑いという心地よい活動を与えることで仲間意識を高めることができ、ユーモアを介して得た情報は、安定した知識として記憶に残り定着しやすい、という大島氏の指摘は、ドラマ・ワークショップのファシリテーターにとっても大変参考になりそうです。

以上、笑いとユーモアについて最近の研究に照らしてみてきましたが、楽しく創造的な学びをめざすとき、笑いとユーモアが重要な役割を担うことは脳科学的にも検証され、異文化コミュニケーションの観点からも論じられていることがわかりました。参加者、ファシリテーターの笑いに包まれ、親和性、親近感を醸成するドラマ・ワークショップの工夫を志していきたいと思います。

●笑いと教育

さて、余談になりますが、笑いについてこの稿を執筆中に、思わぬ出会いがありました。東京国立博物館平成館では「仁和寺と御室派のみほとけ—天平と真言密教の名宝」（2018年1月16日～3月11日）が開催され、この特別展の期間中、2月14日～3月11日まで、葛井寺のご本尊である十一面千手千眼観世音菩薩坐像を拝観することができました。一本一本の手のすがたにもハッとさせられますが、十一の面それぞれの表情にも引き寄せられます。慈悲相、忿怒相、そして観音の後ろ姿を拝むとき、その背面にある仏頭は口を大きく開けて笑う大笑面です。このたびの展示では照明の関係でこの背面の仏頭が陰になっていましたが、千手観音を間近に拝むことで思わず目頭が熱くなったとき、ふとその笑いの表情が陰の中から浮かび上がってきました。その表情を目にした瞬間、こころの奥に閉ざされた悲しみが涙とともに溢れ出てきました。すると、その大笑面が「笑って、笑って」と大きな笑顔で語りかけてくる不思議な感覚を覚えました。そして、帰路につく頃には、こころが軽く明るくなっていました。

大笑面は、大口を開けて悪人や悪行に染まる人を笑い飛ばし、善に向かわせる表情とも言われますが、長年仏像修復に携わられ、京都愛宕念仏寺ご住職でもいらした西村公朝氏（1995）によれば、仏像はその形すがたをとおして、声無き声で私たちに語りかけ、いろいろなことを教えてくれているといいます。千手観音の十一面たちは、「自分の専門分野の知識だけでなく、いろいろな勉強をして他の知識をたくさん吸収せよ」ということをいっていると説いています。そしてまた、哲学者梅原猛氏（1987）は「教育者は多くの顔をもたねばならない。その本面は慈悲であるが、時に応じ場所に応じてさまざまな顔を使い分けする人間こそ、人間教育の天才であることを、この観音像は示しているのであろう」と述べています。教育者、あるいは指導的立場にある者にとって、幅広い知識をもち、慈悲の心をもつとともに表現者であること、さらにいえば「笑い」にも明るいことは、グローバル化が加速し多文化社会におけるコミュニケーションがますます求められ、地球温暖化による自然災害が深刻化していく世紀にあって、レジリエンス力をもつ地球市民を育てていくのに重要であるといえるでしょう。

（吉田真理子）

【参考文献】

●マーク・トウェイン　作品＆手紙

Branch, E.M. & Hirst, R.H., eds. *The Works of Mark Twain Early Tales & Sketches.* Volume 2 1864-1865. Berkeley: University of California Press, 1981.

Smith & Gibson, eds. *Mark Twain-Howells Letters.* Cambridge, Massachusetts: Harvard University Press, 1960.

Twain, Mark. *The Adventures of Tom Sawyer.* Berkeley: University of California Press, 1980.『トム・ソーヤの冒険』柴田元幸訳（新潮文庫、2012年）

Twain, Mark. *How to Tell a Story and Other Essays.* Oxford: Oxford University Press, 1996.

Twain, Mark. *Life on the Mississippi.* Boston: James R. Osgood and Company, 1883.『ミシシッピの生活』上下　吉田映子訳　《マーク・トウェイン　コレクション》2A & 2B（彩流社、1994年）

●マーク・トウェイン研究

亀井俊介監修　『マーク・トウェイン文学／文化事典』（彩流社、2010年）

那須頼雅、市川博彬、和栗了編著　『若きマーク・トウェイン“生の声”から再考』（大阪教育図書、2008年）

●その他

雨宮俊彦『笑いとユーモアの心理学―何が可笑しいの？―』（ミネルヴァ書房、2016年）

梅原猛『仏像のこころ』（集英社文庫、1987年）

大島希巳江　『日本の笑いと世界のユーモア　異文化コミュニケーションの観点から』（世界思想社、2006年）

西村公朝『仏像の声』（新潮文庫、1995年）

水上勉、西村公朝、他『名文で巡る国宝の千手観音』（青草書房、2007年）

Mark Twain at Your Fingertips : A Book of Quotations. Caroline Thomas Harnsberger, ed. New York: Dover Publications, Inc., 2009.

The Quotable Mark Twain: His Essential Aphorisms, Witticisms & Concise Opinions. R. Kent Rasmussen, ed. New York: McGraw Hill, 1998.

コラム 1

「遊び」

吉田真理子

ＡＩ時代の到来により、どのような仕事が将来あるのか、どのようなスキルが必要なのかを予想することが非常に難しくなってきていると言われます。そのような不確実な時代において、自立した学び手を育てるためには「遊び」が欠かせないと心理学教授ピーター・グレイ氏は主張しています。では彼が注目する「遊び」とは何でしょうか。著書『遊びが学びに欠かせないわけ―自立した学び手を育てる』(2013) のなかで、グレイ氏は遊びの特徴を以下の５つにまとめています。

（1）遊びは、自己選択的で、自主的

（2）遊びは、結果よりもその過程のほうに価値がおかれる活動

（3）遊びの枠組みやルールは、物理的必然性により決定づけられているのではなく、遊びに参加する人たちの感じ方、考え方から生まれ出るもの

（4）遊びは想像的で、融通性があり、“現実の”あるいは“重大な”実生活から精神的に少し距離をおいたもの

（5）遊びは、能動的で、注意力はあるが、ストレスはかかっていない心の状態

上記５つの特徴と、さらに６つ目として仲間および異年齢混合の遊びについて、グレイ氏の考えをもう少し見ていきましょう。

・遊びは、自己選択的で、自主的

遊びは、人がなにをすべきか、ではなくて今なにをしたいかという感覚をともないます。そして、遊びにはルールがあります。その遊びに加わっている人たちみんながそのルールを受け入れなければなりません。そのルールを変える場合は、参加者みんながルールの変更に同意することが大切です。

子どもの遊びに当てはまることは、大人の遊びの感覚にもつながります。仕事をいつどのようにやるかの自己選択の自由度が高い人たちは難しい仕事も遊びの感覚でとらえられるという研究結果が出ています。そして、ある仕事を外から強制されると人は必要最低限の要求を満たすだけのことしかしない傾向がある一方、その仕事を自ら選び取ってやると、

column

俄然その仕事をより完璧に、より効率的にやり遂げるそうです。

・遊びは、結果よりもその過程のほうに価値がおかれる活動

活動そのものとは別に、純粋に何らかの結果や目標を達成しようとして活動に取り組む場合、その活動は遊びとは言いません。遊びは遊びをすること自体を目的に行われる活動です。別の言い方をすれば、遊びは、活動そのものよりも報酬（たとえば景品や賞状、お金をもらえるなど）に動機づけられる外発的な動機づけではなく、活動そのものを楽しむ内発的な動機づけに支えられるものです。

・遊びの枠組みやルールは、物理的必然性により決定づけられているのではなく、遊びに参加する人たちの感じ方、考え方から生まれ出るもの

遊びは、自由に選び取られた活動とはいえ、まったく自由な形態の活動というわけではなく、参加者の頭のなかにあるルールに導かれた枠組みがあります。たとえば、ブロックを積み上げる遊びでは、ただやみくもに積み上げるわけではなく、自分のなかのイメージにもとづいてつくるでしょう。また、子どものごっこ遊びでは、それぞれが演じる役割について、自分と他の遊び仲間とで共通理解していることにもとづいて遊ぶ、というのが根本的なルールになります。遊びは、自発的であり自由である一方、その遊びに参加する子はルールに従わなければならない、というパラドックスに注目したヴィゴツキーは、子どもが遊びたい一心で、それが自制心をも学ぶ動機づけになっていると説きました。グレイ氏は、子どもがそのルールを受け入れられるのは、そのルールが自分にとって重荷になったらいつでもその遊びから抜けられる自由があるから、という分析をヴィゴツキーの説に付加しています。

・遊びは想像的

遊びには、フィクションの世界に入って想像の世界に遊ぶ時間とそこから出て現実に戻る時間という切り替えがあります。現実の世界では「箒」だけれども、想像の世界に入るとそれは「馬」になるかもしれません。こうしてみると、遊びは、想像力をかき立てる心理状態といえるでしょう。

・遊びは、能動的で、注意力はあるが、ストレスはかかっていない心の状態

遊びの心理状態は、研究者たちが「フロー」と呼ぶ状態です。心理学者バーバラ・フレドリクソン氏は、ポジティブな感情は、私たちの知覚や物の考え方を広げてくれる。そのことによって、私たちがそれまで見えていなかったものが見えてくる、それまでもっていたアイディアに新たな光を当てることができ、新たな動き方を試してみることができ、その結果、私たちがもっている知識、アイディア、スキルの幅を広げてくれるのだと言います。フレドリクソン氏が論じている「ポジティブな感情」は、「遊び心と好奇心」に置き換えることができるとグレイ氏は考えます。なぜなら、ポジティブな感情は、遊び心と探求心を生み出す心の状態だからです。

・仲間および異年齢混合の遊び

子どもたちは、仲間と遊ぶことで、自己決定の仕方、自分の感情や衝動を抑制すること、他者の物の見方、他者と意見の相違があるところを交渉すること、そして仲間づくりとともに自分の人生をコントロールすることを学びます。また、異年齢混合は、子どもの自己教育力を飛躍的に伸ばすとグレイ氏は述べています。子どもたちが探求と学びに打ち込むためには、安心安全でケアされていると思える環境と信頼関係が大切です。年長者からのケアと精神的サポートを受ける良好な関係のなかで、子どもたちは年長者の言動を観察し学ぶのです。そして、今日誰かの助けがあってできたことは、明日ひとりでできるようになる、ということを遊びのなかで練習し続け学びます。一方、年長者にとっては、異年齢混合で遊ぶなかで、リーダーシップの取り方や人の育て方など、教えることをとおして自分が学ぶことになります。また、年少の子どもたちから創造的・想像的な活動への刺激を受けることにもなり、双方向的な多様な学びが喚起される貴重な体験となります。

以上、「遊び」の特徴をみてきましたが、これは「主体的・対話的で深い学び」の教育にもつながることでしょう。教師もまた自己選択的・自主的で、結果よりも過程のほうに比重を置き、ポジティブな感情を抱くことで想像的に枠組みやルールを生み出し、協働的に遊びそして「教えることをとおして学ぶ」姿勢をもつことが肝要です。さらに、子どもたちが、異年齢混合で、自由に遊べる安全な場所と機会をつくることも教育の大事な役割になるでしょう。私たちが取り組んできたドラマ・ワークショップもそうですが、コミュニティにひらかれたワークショップは自立的な学び手を育てる一助になるのではないでしょうか。

【参考文献】

ピーター・グレイ『遊びが学びに欠かせないわけ―自立した学び手を育てる』（*Free to LEARN Why Unleashing the Instinct to Play Will Make Our Children Happier, More Self-Reliant, and Better Students for Life*）吉田新一郎訳（築地書館、2018 年）

第2章
〈トム・ソーヤ〉を遊ぶ

津田塾大学ワークショップの記録

グループ分け

"It is best to prove things by experiment; then you know; whereas if you depend on guessing and supposing and conjecturing, you will never get educated."

Eve's Diary

「実験して立証してみるのが一番、そうすれば知識として身につくし理解も深まる。
一方、推測・憶測・想像に頼るようでは、決して学びは身につかない」
マーク・トウェイン　『イヴの日記』より

津田塾大学ワークショップ（2017年12月26日）

タイムスケジュール

午前

	プログラム	予定	実際	掲載頁
1	**チェックイン** **ウォームアップ**	10:00	10:02	31
2	**ジグソー法**	10:40	10:37	39
3	**トムの冒険**	11:00	10:58	47
	わたしの冒険	11:30	11:26	56
	昼食	12:10	12:10	

午後

	プログラム	予定	実際	掲載頁
4	**川にまつわる歌合戦**	12:50	12:48	67
5	**オール・マン・リバー**	13:20	13:09	73
	休憩	予定なし	13:37	
6	**ヒーロー伝説**	14:00	13:51	85
	休憩	15:00	14:45	
7	**未来の冒険**	15:20	15:00	105
8	**リフレクション俳句**	16:00	15:42	115
	クロージング 参加者によるアンケート記入 みんなでリフレクション	16:30	16:20	

1 チェックイン・ウォームアップ

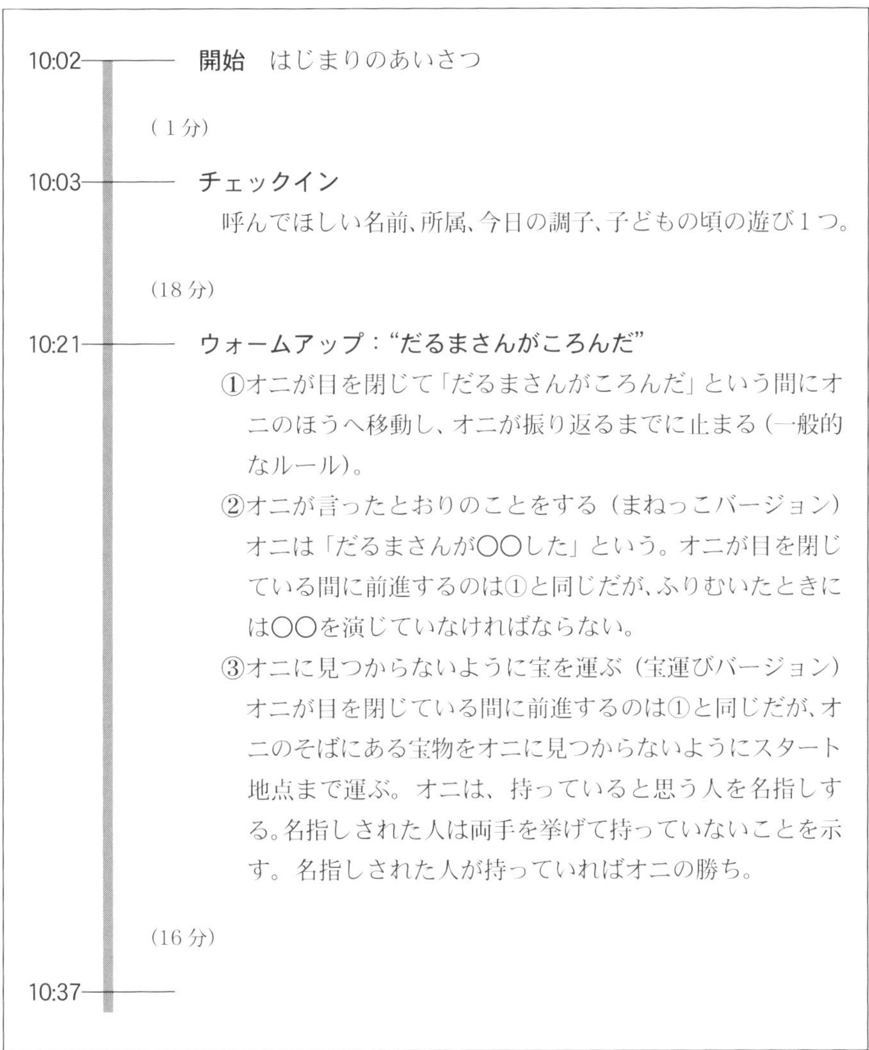

■ポイント■

ワークショップ、スタート。「トムの冒険・わたしの冒険」のアクティビテイへのつながりから、「子どものころの遊び」を最初にとりあげました。

●「子どものころの遊び」から始まる—チェックイン

晴天。真冬にもかかわらず、柔らかい陽射しに少し暖かく感じられる。津田塾大学小平キャンパス７号館１階の中島ホールは、ほどよく暖房がはいっている。会場に到着した参加者は、今日呼んでほしい名前を書いた名札をつけて、大きな輪になるよう配置された椅子の一つに腰を下ろす。いずれも教職に就いている（いた）か、教職をめざす学生たちというメンバー構成。

10時。開始時刻になるが、まだ参加者がそろわない。少し遅れて、武田のあいさつからワークショップが始まる。「ふうみんのＦ、まりこのＭ」とFMプロジェクトの説明をしているうちに、遅れていた立命館大学の学生たちが無事到着。全員がそろったところで、今日呼んでほしい名前、所属、今日の調子、子どもの頃の遊びを一つ言う自己紹介を始める。[1]

最初はキューピー。弟とミルク天女とイチゴ天女という天女ごっこというのをしていた思い出を語ってくれるが、チェックインを短くしたいため、次へ向けて

武田：子どもの頃の遊びというと、思い出がふつふつわいてきていろいろ長くしゃべりたくなると思うんですけど、それはまたグループでしゃべってもらう時間があると思うので、遊びの名前だけでいいですよ。

と付け加える。

参加者があげた子どもの頃の遊びは、かくれんぼ、ドッジボールといった世代や地域を超えた遊びもあれば、シルバニアファミリー[2]、ゴレンジャー[3]など、その世代らしい遊びというものも出された。ファシリテーターの吉田は「自分で遊びのルールを考えるのが好きだった。たとえば運動場の平均台をつかってのゲーム。平均台の両端に乗り平均台の真ん中ぐらいまで走っていってジャンケンして負けた方が平均台を降り、勝った

[1] 吉田：チェックインに当たってファシリテーターとして大事にしていることは？
武田：参加者がなんとなくどういう人たちか分かって安心感が持てるということかな？今回は、私にとって初めての人たちが多いので、私の安心感のためにも、みんなの声を最初に聞きたかった。
人数が多いと、チェックインだけで時間をとってしまうので、やらないこともある。それでもグループの中で、何かひとことずつ言ってもらったりする。これって、自分のワークショップ体験からくるものだと思う。初参加で、いきなり話し合いが始まって、自分だけが浮いているみたいな不安な経験をしたことがあったから。参加者にそういう思いをさせたくないという気がある。

[2] 吉田：シルバニアファミリーって？
武田：シルバニアファミリー（Sylvanian Families）はエポック社から発売。1985年生まれのドールハウスおよび動物の人形。いろいろな動物の家族がいて、私の孫も一家全員ウサギでそろえているが、おじさん家族はなぜかクマ。

[3] 吉田：ゴレンジャーって？
武田：「スーパー戦隊シリーズ」第1作目として1975年にテレビに登場。その後もシリーズを重ねながら、上映され続けている。

方は相手陣地に乗り込める、というチーム対抗戦」。武田は「名神高速道路の工事現場で草の上を段ボールですべっていた」。子どものころといっても、思い出した年代も違うだろうし、時代や地域性も感じさせるそれぞれの「遊び」だった。

緊張しつつも、語る方も聞く方もそれぞれの表情は晴れやかだった。ここで、グループ分け。4グループに分けるため、座席順に１・２・３・４の番号を振っていく。同じ番号の人が同じグループになる。各グループ、いずれも所属や年齢の異なるメンバー構成となった。[4]

[4] 吉田：同じ大学や知り合い同士に偏らないメンバー構成にすることが私たちのねらいだったから。ねらいどおりになったね。
武田：自由に座ると知り合い同士で並んで座ることが多いから、番号をふっていくと自然と所属の違う人が同じグループになる。これが番号をふってグループ分けしていく良さよね。

【グループ１】

オカヤン　20代　立命館大学学生　ビーダマンというビー玉詰めてばしばし飛ばすゲーム
カガリ　20代　津田塾大学学生　家族で絵しりとり
ノリコ　20代　法政大学学生　かくれんぼ
ケイコ　60代　私立中高教員　かくれんぼ

【グループ２】

アヤカ　20代　立命館大学学生　ドッジボール
ミヅキ　20代　法政大学学生　サッカー
メイ　20代　津田塾大学学生　ドッジボールとフリスビーが合わさるドッジビー
トシエ　50代　津田塾大学院生　砂場で磁石を使って砂鉄集め

【グループ３】

アカネ　20代　津田塾大学学生　シルバニアファミリー
ケイスケ　20代　立命館大学学生　ベイブレード
トモコ　20代　津田塾大学学生　ジャングルジムの上で行うドッジボール
ウッチー　40代　津田塾大学院生・中学校教員　ゴムダン
スゥサン　50代　インプロバイザー・元小学校教員　原っぱでメンコと缶蹴り

【グループ４】

タダヒロ　20代　立命館大学学生　ポケモンのゲーム
リカ　20代　津田塾大学学生　ゴレンジャーごっこ
キューピー　30代　小学校教員　弟とミルク天女とイチゴ天女という天女ごっこ
チハル　50代　小学校教員　ドッジボール
トモ　50代　大学教員　塗り絵、泥棒と警察

●3種の「だるまさんがころんだ」―ウォームアップ

①オニが振り返るまでに止まる（普通バージョン）

武田が壁際に立ち、反対側のホール入り口の壁に全員が並ぶように誘導する。

武田：皆さんに子どもの頃の遊びを出してもらいましたが、誰からも出なかった“だるまさんがころんだ”をやりたいと思います。[5]

両者の距離は約8メートルだろうか。武田は、自分がオニの役をしながらルールの説明をする。

武田：「だるまさんがころんだ」と言うあいだに、皆さんは前に進んで、私が振り向いたら止まってないといけないです。動いてる人は、名前全然まだ覚えてないから「あなた」とか、服の色とか適当に言いますので、言われた人は私につながらないといけない。ただし、あんまり手を引っ張らないでね。六十肩だからね（笑）。誰かがつながってる人を切る、あるいはつながってる人はひとりもいなくて私にタッチをする。そうすると、全員スタートのところへ逃げる。私はストップと言いますから、その時点で止まる。私が３歩歩いて誰かに触ったら、触られた人が次のオニになる、こういうルールです。ルール分からない人います？　よろしいでしょうか？

[5] 吉田：ウォームアップとして“だるまさんがころんだ”を選んだ理由は？
武田：『トム・ソーヤの冒険』とそれに続く子どものころの個人の冒険談に続くように、ふたりで「子どもの頃の遊びがいいね」と話してたから。
“だるまさんがころんだ”は神戸市の中学に「児童生徒のコミュニケーション能力の育成に資する芸術表現体験（芸術家派遣）」の取り組みを見学に行ったとき、中学生がとても楽しんでいたのがきっかけ。最近マイブームになってる。

武田が壁に向かって目を閉じ「だるまさんがころんだ！」というと、ほぼ全員、前進、ストップ。武田がふりかえって、「まりこさん、やらないの？」というのを受けて「やるよ」と答えて動く吉田をすかさず「まりこさん動いた、アウトの人はこっち」とツッコミ、物言いたげな表情のまま吉田は武田につながる。

武田：だるまさんがころんだ！（ほぼ全員、前進）
武田：アヤカ！
アヤカ：えっ、嘘でしょ！（みんな笑う）
武田：厳しいんだから、判定は。（壁のほうを向いて）だるまさんがころんだ！

ほぼ全員、前進。スゥサンが吉田と武田のつながりを切る。全員、逃げる。武田、すぐさま「ストップ」と声をかけ、３歩進んで、タダヒロにタッチ。

タダヒロは４回「だるまさんがころんだ！」と言い、全員前進するが、ふりかえったとき動いていないので、タダヒロは誰も指摘できない。アカリがタッチして、全員が逃げる。タダヒロがストップをかけ、３歩進んでノリコにタッチ。

②だるまさんが言ったとおりのことをする（即興で演じるバージョン）

ここでストップしてルール変える。

武田： 普通“だるまさんがころんだ”はこうなんですが、“だるまさんのまねをする”というというルールにします。つまり「だるまさんがころんだ」と言ったら、皆さん転ばないといけないんです。オニは、その転び方に難癖つけます。難癖つけられた人は、オニにつながらないとだめです。こういうルールで。ストップしないでその場で動いてもいいですよ。ちょっとやってみましょう。

武田がまたオニになる。武田が「だるまさんがご飯食べた」という間に、全員前進して、武田がふりむいたときには、ご飯を食べるマネ。武田、「ご飯たべてない。こっちへ」と３人を指名し、ミヅキと吉田とメイが武田につながる。

武田が「だるまさんとだるまさんが握手した！」というと前進しながら相手を探して握手。武田がふりむいたときにペアになれていなかったケイスケが名指しされて、つながる。

武田「だるまさんとだるまさんがナイフとフォークになった！」と振り返る。タダヒロにダメ出しをして、タダヒロがつながる。武田が背を向けると、アヤカが切る。全員、逃げる。「ストップ！」と声をかけ、武田、メイにタッチ。

武田： 同じルールでいきますが、名前呼びにくいと思うので、「あの人！」と言ったら、私が連れてきますので。私、助手。オニ役、結構難しいのよ。考えるよね？ 何を言うかね。

メイは「だるまさんとだるまさんがサンタとトナカイになった！」と言い、トナカイとトナカイだったカガリ、オカヤンのペアを指摘。次は「だるまさんがスカイツリーになった！」。メイは「みんな同じだ……」と言っているのに、ふうみんが「とんがり方が足りない」とトシエにクレーム。トシエがつながる。「だるまさんが寝た！」に、前進して全員床に寝る。「だるまさんとだるまさんが車と……」という間にカガリとのつながりを切られ、全員、逃げる。メイは「３歩じゃ、無理じゃね？」

というが、武田「３歩で届かなかったら、もういっぺんオニですからね」と答える。メイ、大きくジャンプして、アカネにタッチ。

アカネがオニになって「だるまさんが縄跳びした！」と言い、全員エア縄跳びをする。アカネが何も言わない間に、武田は「ケイスケ、笑ってるからダメ」とダメ出し。アカネが「だるまさんが一輪車をこいでる」というと全員その場で足踏みしながら一輪車に乗っている様子を演じる。メイだけは一輪車で回転しているようすを演じている。それを見た吉田「うまい、うまい。ひとりだけオーケーみたい」と言うのを受けて、武田「よし、メイだけオーケー！ あとの人、みなアウト！」。ファシリテーターがオニそっちのけで楽しんでいる。メイ以外は、ケイスケのうしろにつながる。吉田の「もう一度見たい。やって」の要望に応えて、メイはもう一度一輪車に乗るようすをやってみせる。

武田「なのでメイがアウトになれば、全員負け、アカネの勝ち」。メイが「どこで切ってもいいですか」とたずね、「だるまさんがわんこそば食べた」とアカネが言っている間に、うしろのほうで切る。アカネは茫然。まだ自分にたくさん人がつながっていて、どうしてよいかわからない。

武田：はい、ストップ！　なんか私も、ルールよく分からなくなってきた（笑）。一応、この“だるまさんがころんだ”まねっこバージョンはここまでにして、次にいきたいと思います。アカネは、引き続きオニね（笑）。次のルールでいきたいと思います。

③だるまさんに見つからないように宝を運ぶ（宝運びバージョン）

武田の指示で、アカネ以外のグループ３のメンバーとグループ４の人は見学。グループ１、２の人だけうしろに行く。

武田：今度は“宝運び、だるまさんがころんだ”知ってる人？（ひとり、手を挙げる）いますね。でも、ほとんどの人知らないので、ルールを説明したいと思います。ここに宝があります（とマジックペンを示し、アカネの足元に置く）。“だるまさんがころんだ”の要領でグループ１、２の皆さんは、少しずつ近づきますね。動いたら名指しされますね。近づいて、近づいて、誰かがこの宝を取ります。これを、（グループ３、４代表で出ている）オニに見つからないように運んでもとの壁にタッチしたら、グループ１、２の勝ち、グループ３、４は負けという事になります。アカネ（グループ３、４代表）は誰かが宝を持ってると思ったら、その人の名前を言ってください。名前が分からなかっ

「だるまさんがころんだ」宝運びバージョン

たら「この服の人」とか、指さすとか。言われた人は、両手を挙げて自分の名前を言ってください、「持ってませんよ」ってアピールね。当てられた人が持ってたら、その時点でグループ3、4が勝ちです。グループ1、2は負けです。分かるでしょうか…。名指しできるのは1回にひとりだけです。

「取って、隠して持ってる？」の質問に武田「そうそう」。「パスする？」には「そう、分からないようにパスする。ひとりの人が持ち続けているとバレやすい。持っているふりをするのもいい」と言い、吉田が「分かっちゃったら負けだもんね」と補足する。

「さあ、やりましょう」の合図にアカネ「だるまさんがころんだ」と始める。ノリコが動いていると指摘され、つながる。またアカネが「だるまさんがころんだ」と言ってふりむいたとき、まさにカガリがマジックペンを手にしたとこだった。大爆笑がおこる。

武田：これで勝負、終わりですね。グループ3、4の勝ちです。今度は交替してやってみましょう。

グループ3、4のメンバーが壁際に立つ。グループ1、2のメンバーは横に座って見学。オカヤンがグループ1、2の代表としてオニに名乗りでる。オカヤンは「だるまさんがころんだ」を5回繰り返す。グループ3、4のメンバーは、だんだん前に詰めてくる。6回目の「だるまさんがころんだ」でケイスケがオカヤンの足元のマジックペンを取り上げ、タダヒロに渡す。次の「だるまさんがころんだ」でタダヒロがキューピーに渡すが、オカヤンに「見ました」と指され、キューピーは手にしたマジックペンを見せる。「あ〜」という残念がる声と笑い声が同時に起こる。

武田は「みんな、下手くそですね〜」と、笑う。

武田： これはグループで作戦タイムなんかすると上達していくんですけど。[6] 中学生でやると、めっちゃ盛り上がるんですよね。負けると悔しいから、「また次やりたい！」ってなるんですが。今日はこれぐらいにして、次へ進んでいきたいと思います。“トムの冒険、私の冒険”へ引き続き、休み無しでいきましょうか。

[6] 武田：“だるまさんがころんだ”は様々なバージョンがあって、静止画や演技に通じるので、ウォームアップとして最適と思う。『宝運び』はもう一回やりたかったけれど、時間を気にしてやめた。
吉田：先にグループを決めたので、『宝運び』で何となくグループ意識、結束が生まれる仕掛けにもなってたね。

と、吉田にバトンタッチ。ここで拍手が起こる。

★身体を動かすと頭も働きだす★……参加者の声

身体を動かすと頭も働きだす、ということを、久々に実感しました。まさかここで「だるまさんがころんだ」をするとは思いませんでしたし、ルールも知っているつもりでしたが、言われた指示通りに動いているうちに自分がこのworkshopに参加している、ということを頭と身体でわかってきました。そしてここでは、もちろん個人の活動ですが、他人の動きを見て、他の人と触れることもある中で、他者とのかかわり、距離の取り方などもつかめてきました。

【グループ4／チハル】

2 ジグソー法

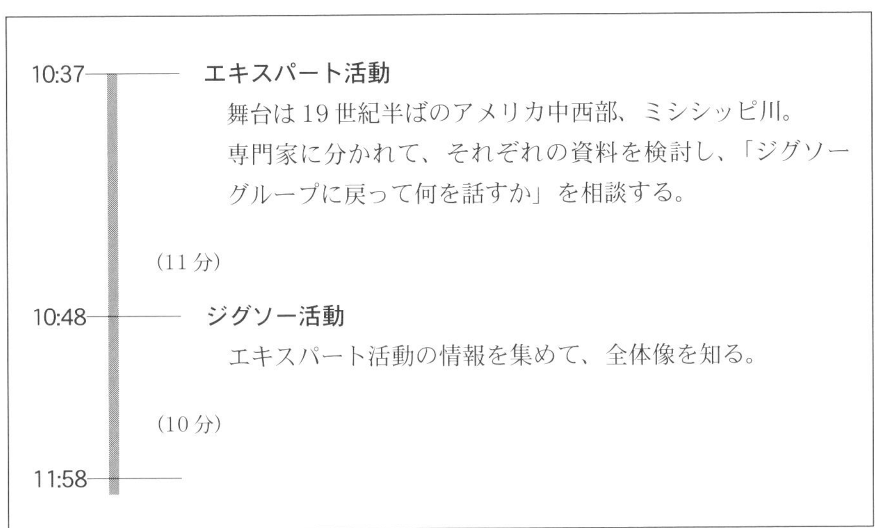

■ポイント■

時代や地域について、ある程度の共通の情報をもつことを意図しています。それぞれの知り得た情報を合わせることで、ワークショップの背景となる、作家マーク・トウェインと19世紀半ばのミシシッピ川流域のアメリカ、を知ることができます。

●時代と場所の基礎知識―ジグソー法

①エキスパート活動

「ワークショップの出だしで決めたグループにまず分かれてみてください」という吉田の指示で、各グループに分かれる。グループ内でさらに番号１～４を決める。この新たに決めた１～４という番号別にエキスパートグループをつくる。グループごとに、マーク・トウェインに関する異なる資料が渡される（次ページ～43ページ参照）。資料を渡されたグループは円になって床に座る。

資料①【マーク・トウェイン（1835 ～1910)の生い立ち】

＊本名 サミュエル・ラングホーン・クレメンズ、愛称サム
＊父：ジョン・マーシャル・クレメンズ―イギリス系地主階級に属するいわゆる名家の長男。イギリス系紳士として誇り高い。法律家をめざし 21 歳で免許を取得するも、商才なく赤貧にあえぎ、新天地をもとめてアメリカ中西部ミズーリ州フロリダに移住。
　母：ジェイン・ラプトン・クレメンズ―ヴァージニア地主階級の両親の間に生まれる。ダンスの上手な明るい人。
＊サムは 1835 年 11 月 30 日、6番目の子どもとして誕生する。父方の祖父の名前を受け継ぎサミュエルと命名される。サムはハレーすい星が地球に 接近した年に生まれ、そして 75 年後、ハレーすい星が地球に再び接近した4月 21 日の翌日、生涯を閉じる。
＊1839 年、サムが3歳のとき、一家はフロリダからミシッピ川西岸の港町として舟運で栄え始めたハンニバルに移り住む。父ジョンはこの地で法律事務所を開きクレメンズ判事として町の人々の尊敬を集めた。この時期から父が亡くなる 1847 年までの 10 年足らずの年月が、サムにとってかけがえのない郷愁の少年時代。
『トム・ソーヤの冒険』の舞台セント・ピーターズバーグは地形的にハンニバルそのもので、この作品に登場する人物はほとんどがこの町に生きていた実在の人々。
☞トムの恋人ベッキーのモデルは、クレメンズ家斜め向かいに住んでいた２歳年下のローラ。「サムは裸足でちょうど物語のトムのように、私の家の前で逆立をして見せてくれたりした」と後年トウェインとの思い出を語る。
☞トムの友人ハックのモデルは、札付きの少年トム・ブランケンシップ。「トムは、人に縛られることのない、町でただひとりの人物で、みんな彼のことがうらやましかった。のちに治安判事になり、模範的な市民として尊敬を集めた。」とトウェインは後に語っている。
＊父の死後、サムは家を離れ、住み込みの印刷工見習いになる。1850 年、サムの兄オーリオンが、ハンニバルに印刷所を開き『ウェスタン・ユニオン』（のちの『ハンニバル・ジャーナル』）という新聞を創刊する。サムは兄の誘いで兄の印刷所に移り、植字技術を学ぶだけでなく編集の仕事も担い、15 歳にして様々なペンネームを用いて読者を楽しませる文章を寄稿するようになる。最初の記事は「勇ましい消防士」（1851 年 1 月 16 日掲載）。

参考文献：『マーク・トウェイン文学／文化事典』（彩流社）
『トム・ソーヤとハックルベリー・フィン：マーク・トウェインのミシシッピ河』（求龍堂グラフィックス）

〈エキスパートグループ 1〉

資料②【作家マーク・トウェインが誕生するまで】

＊アメリカ中西部ミズーリ州ハンニバルで判事として勤めていた父ジョンが亡くなり、サミュエル・ラングホーン・クレメンズ（トウェインの本名、愛称サム）は、放浪の想いを絶ちがたく、新天地を南アメリカのアマゾンにもとめて、ニューオーリンズ行き蒸気船に乗り込む。1857年、21歳のときのことである。ところが、この船で舵をとる名パイロット、ホーレス・ビクスビーと出会う。ミシシッピ河岸の町で育った少年にとって、蒸気船のパイロットになることは憧れである。サムはビクスビーに頼み込み、500ドルの授業料を出世払いで払う約束で弟子入りを果たす。南アメリカ行きはこうして予定変更となり、サムは1859年にパイロットの免許を取得。1861年に南北戦争が勃発して失業するまで、サムは少年時代から念願だった蒸気船のパイロットとして18艘の船を操舵し、無事故という記録を残している。

＊1861年8月、西部ネヴァダ準州の政務長官に任命された兄オーリオンの秘書として、駅馬車を利用してネヴァダ準州の州都カーソン・シティに到着。

☞「準州」とは英語で「テリトリー」と呼ばれ、正式な州に昇格する以前の地方行政区。ネヴァダは1864年に州となった。

カーソン・シティは、周辺の山中で金や銀の鉱脈を発見して一攫千金を夢見る荒くれ男たちの住む町だった。

＊1863年2月3日、『エンタープライズ』紙掲載の「カーソン便り」(“A Letter from Carson City”)という寄稿文で初めてマーク・トウェインというペンネームが登場。蒸気船が座礁を免れる安全水域ギリギリの「水深2尋（ひろ）＝約3メートル」を測船手が大声で伝える合図のことば“Mark Twain!”をペンネームに選ぶ。27歳。

＊1865年2月、西部のシェラネヴァダ山中、キャラヴェラス郡にあるエンジェルズ・キャンプの酒場で老人ベン・クーンの語る「跳び蛙(Jumping Frog)」の話を聞く。ベン・クーンの話をもとにしたスケッチ「ジム・スマイリーと彼の跳び蛙」が『ニューヨーク・サタディ・プレス』紙に掲載され、西部流ほら話の名手としてトウェインの名前が東部にも知られるようになる。

＊1866年3月、サクラメント『ユニオン』紙との契約で、サンドウィッチ諸島（現在のハワイ諸島）に渡航、現地の生活や風習をユーモラスにスケッチして寄稿し、評判となる。

参考文献：『マーク・トウェイン文学／文化事典』（彩流社）
『トム・ソーヤとハックルベリー・フィン：マーク・トウェインのミシシッピ河』（求龍堂グラフィックス）

〈エキスパートグループ2〉

資料③【マーク・トウェイン―作家として、家庭人として】

＊マーク・トウェインが後に彼の妻となるオリヴィア・ラングドンを見初めたのは、1867年のこと。当時、トウェインは、船旅でチャールズ・ラングドン（オリヴィアの弟）と知り合う。チャールズは象牙のペンダントに、姉オリヴィアの小画像を入れていたが、その美しさに魅せられたトウェインは数年後、恋を実らせる。

＊オリヴィア（1845～1904）は、ニューヨーク州南西部の町エルマイラの資産家の娘。エルマイラは1870年代にはペンシルベニアの石炭輸送の経由地として栄える。そのような時代背景にあって、オリヴィアの父は、エリー湖畔の工業地帯とニューヨークを結ぶ運河の拠点として海運業と商業に栄える小都市エルマイラで、林業と石炭への投資で財を成す。

☞ちなみに、エルマイラは、運河が鉄道にとって代わられるとともに、衰退し、いまは当時の活気はみられない。

しかし、1855年に女子大が設立され、また、南北戦争以前は、南部から北部への奴隷を逃す地下鉄道の中継地にもなっていたことからもわかるように先進的な気風をもった土地柄。

＊エルマイラの丘のうえに位置する「クォーリー・ファーム」という広大な農場を有する大きな屋敷で、トウェインは家族とともに毎夏をここで過ごす。屋敷の居間には暖炉があり、その暖炉の周囲にはイソップ物語を思わせるようなさまざまな寓話的な動物の絵図が描かれたタイルが一面に貼られている。

トウェインは、その暖炉の前で、タイルに描かれた絵図から空想をめぐらせ、子どもたち（三人姉妹 スーザン、クララ、ジーン）にさまざまな即興の物語を語って聞かせた。

また、トウェインはここの書斎で執筆活動にも勤しみ、『トム・ソーヤの冒険』『ハックルベリー・フィンの冒険』『王子と乞食』『アーサー王宮廷のコネチカット・ヤンキー』といった、彼の代表作、傑作が次々と生み出された場所でもある。

＊1880年、トウェインはペイジ植字機への投資を始め、自ら出資する出版社も立ち上げるが、1893年に経済恐慌が起き、トウェインは巨額の負債を抱えて破産。破産後の1895年、60歳を迎える年に、借財を返済するため世界一周講演旅行に出かけ（オーストラリア、ニュージーランド、セイロン、インド、南アフリカ）、100回以上の講演を開催し、旺盛な執筆活動に取り組み、借金完済。

参考文献：『マーク・トウェイン文学／文化事典』（彩流社）
『トム・ソーヤとハックルベリー・フィン：マーク・トウェインのミシシッピ河』（求龍堂グラフィックス）

〈エキスパートグループ3〉

資料④【ミシシッピ大河とマーク・トウェイン】

＊ 1783 年、独立当時のアメリカ合衆国の西の国境は、ミシシッピ川であった。

＊1803 年、ジェファソン大統領がフランスからニューオーリンズとルイジアナ領土をすべて購入し、ミシシッピ川流域全体がアメリカの統治下におかれることになった。これにより、1821 年のミズーリ州に始まり、ミシシッピ以西から次々と新たな州が誕生していった。

＊トウェインが幼少期を過ごした町（ミズーリ州ハンニバル）は、セント・ルイスから約 150 キロ北のミシシッピ河畔にある。ハンニバルは、1819 年に開村され、3 歳のトウェインが親たちと引っ越してきた 1839 年には人口 100 人足らずだった。豚の食肉加工、材木の切り出しなどの産業が発展し始めたころで、セント・ルイスからの蒸気船が毎日ハンニバルに寄港していた時代。

＊蒸気船が初めて就航したのは1811 年。それまでの航行は、先住民のつくったカヌーか筏、運送業として大型の手漕ぎ平底船と、帆や長いオールにたよるキールボートしかなかった。平底船は、下りは流れにまかせ、目的地（多くはニューオーリンズ）に着くと積み荷を売り、平底船は材木として数ドルで売りさばき、徒歩か馬にまたがって帰途につく。一方、キールボートはときには帆に風をはらませ、引き綱やオールを使って川をさかのぼることもおこなっていた。

トウェインが蒸気船の見習いパイロットの職を得た 1857 年には、ミシシッピ川を航行する蒸気船の数は 3 千以上。

＊作品のなかのミシシッピ川

『トム・ソーヤの冒険』―ミシシッピ川のジャクソン島（ハンニバルより 1 キロ下流にある無人島）で家出したトムたちはキャンプ生活を楽しむ。

『ハックリベリー・フィンの冒険』―ハックは自分が殺害されたと見せかけて、暴力的な父親の手から逃れ、ジャクソン島に隠れる。そこで逃亡奴隷のジムに出会い、やがて追手が迫りくることを察知したふたりは、その楽園的な生活をあきらめ、ミシシッピ川の旅人となり自由州をめざす。

『ミシシッピ川の生活』―自伝的な体験を素地に、故郷であるミシシッピ川流域を中心に、南北戦争以前以後のアメリカ南部の歴史や文化を紹介し物語る。

後半部は、執筆途上で21 年後にミシシッピ川を再訪した旅行記の色合いが濃い。

参考文献：『マーク・トウェイン文学／文化事典』（彩流社）
『トム・ソーヤとハックルベリー・フィン：マーク・トウェインのミシシッピ河』（求龍堂グラフィックス）

〈エキスパートグループ 4〉

資料1：マーク・トウェインの生い立ち〈エキスパートグループ1〉
資料2：作家マーク・トウェインが誕生するまで〈エキスパートグループ2〉
資料3：マーク・トウェイン―作家として、家庭人として〈エキスパートグループ3〉
資料4：ミシシッピ大河とマーク・トウェイン〈エキスパートグループ4〉

吉田：これからまず7～8分ぐらい、各エキスパートグループに配布された資料を読み、専門家（エキスパート）として情報を共有します。[7] その後、専門家として得た情報を持ち帰り、元のグループに伝えるのですが、ここですべての情報を伝えるだけの時間はありません。ですので、エッセンスを伝えてもらうことになります。ですから、エキスパートグループとしては、どういうことを専門家として、情報を知らない人たちに伝えなければいけないかということを話しあってください。

[7] 武田：ジグソー法は、エキスパート活動をどう計画するかによって成否がかなり分かれるね。今回で言うと、マーク・トウェインを通しての資料づくりが一番大変だった。これをまりこさんに全面お任せで、すみません。
吉田：アフリカン・アメリカンに関する情報が足りなかったことにあとで気がついた。

まず各自で黙読している。読み終えたところからグループ内での話し合いが始まる。5分経過したところで：

吉田：資料はグループに持って帰ってもらってもいいですが、紙に書かれていることをそのまま読み上げても意味がありません。自分が専門家として理解したことを伝える、ということがポイントです。また、専門家として共有した情報は、そのあとに続くワークショップの活動に繋がっていく、ということも頭の片隅においてくださいね。あと1～2分で元のグループに戻ってもらいますので、最終確認をしてください。

「はい、ストップです」とストップがかかってもしばらくグループでの話し合いは続いている。ようすを見ながら吉田は話し合いを遮り、「これから元のグループに戻りますが、持ち帰った情報をグループに報告するのは各自1分ぐらいずつでお願いします」[8] と告げる。

[8] 吉田：普通に読めば時間のかかる資料だから、短い時間で何を伝えるかも、エキスパートグループで話し合ってほしいよね。
武田：元のグループに戻っての話し合いに集中力をもってもらうには、「1分間で」情報共有をすることを、エキスパート活動に入る前にあらかじめ伝えておくほうが、活動のゴールが見えるから親切かも。

エキスパート活動

②ジグソー活動

資料１から４までを持って元のグループメンバーが集まり、いわゆる「ジグソーグループ」ができあがる。吉田の「ではそれぞれ１分で報告をどうぞ」の合図をきっかけに、それぞれの資料の報告が始まる。「次の人」の合図で話し手が交代。こうして４つの資料の報告が終わる。

「次のアクティビティに移ります」と切り出した吉田に、武田から「それぞれが一方的に伝えただけなので、お互いに質疑応答する時間を少しとったほうがいいかも？」との提案があり、スゥサンからも「大事だと思ったことを伝えきれていない」とのコメントがあった。そこで、吉田は次のアクティビティに移る前に、２～３分の質疑応答の時間を確保した。

ジグソー活動：手前グループ3、後ろグループ4

★ジグソー法で意欲を高める★……参加者の声

- ここからグループの活動に入りますが、「だるまさんがころんだ」の段階があることでずいぶんスムーズに入れたと思います。また、情報伝達の時代背景シェアのときに、もう一段グループのシャッフルがあったことも非常に助けになりました。自分のグループに戻ったときに、そこに、仲間に戻ったという感覚ができたからです。そして、この時のテーマが、今日のメインとして知らされていたことであるのも、やる気を引き出すのに役立ちました。

  【グループ4／チハル】

- トムについての時代背景を、ジグソー法を通して情報を得る過程は、一人ひとりの課題に取り組もうとする意欲を高める手法だと思いました。

  【グループ1／カガリ】

- ジグソーも短時間であのくらいできるんだーという発見と、中学校の英語の授業でも一度母語でこの活動をやってみて、慣れたのちに英語でやってみることで母語で深い内容も語れるおもしろさと英語という言語面によりフォーカスした活動としての難しさ、おもしろさ、チャレンジ…を味わえるのでは？という発見がありました。

  【グループ3／ウッチー】

3 トムの冒険・わたしの冒険

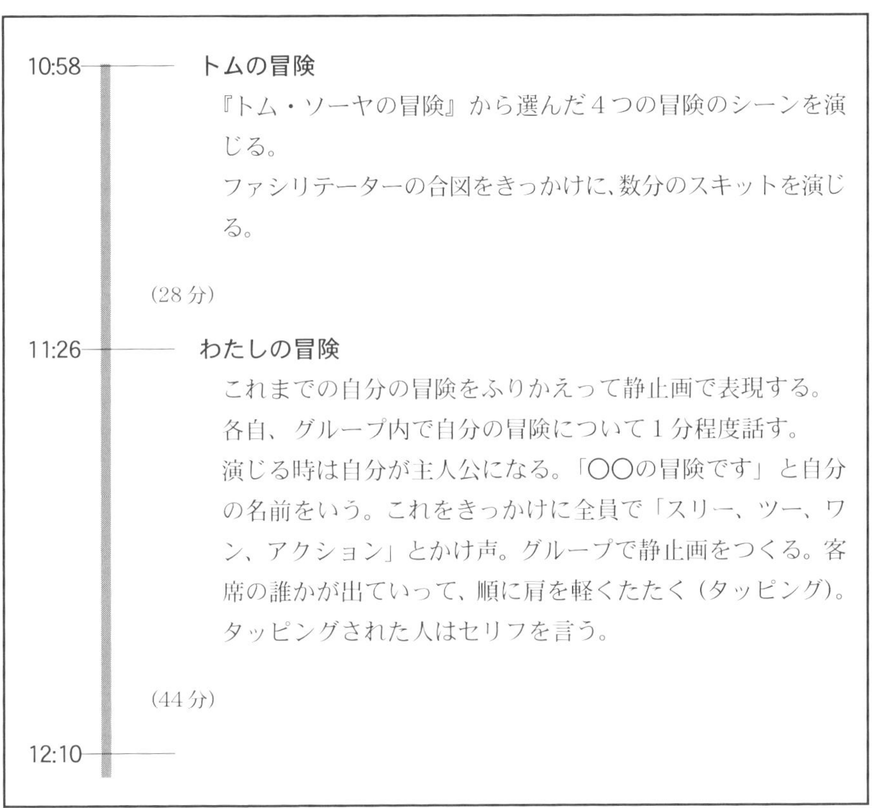

■ポイント■

このワークショップの重要なキーワードのひとつは「冒険」。その入り口として、「トム・ソーヤの冒険」を体験します。そして「トムの冒険」をきっかけに、自分自身を振り返る時間になります。また､他の参加者について知る時間でもあります。異文化理解は実は身近なところにその出発点があるのではないでしょうか。

●物語『トム・ソーヤの冒険』から―トムの冒険

①グループで表現をつくる

グループのなかでの情報共有はさらに続きそうな気配だったが、吉田は時間をみて次の指示に移った。

吉田：皆さん、色々と情報を共有できたと思います。これで何となくマーク・トウェインとその時代の輪郭をつかむというか，背景知識を学び取ることができてきたかもしれません。今度は，いよいよ“トム・ソーヤを遊ぶ”ですから，作品『トム・ソーヤの冒険』から４つのエピソードを配ってみたいと思います。

（各グループに１ずつ違うエピソードを紙媒体で配布）

『トム・ソーヤの冒険』から、４つエピソードを選んでみました。挿絵と小見出しと、少し情報が入ってますね。皆さんにこれからやってもらいたいのは、そのヴィジュアルと限られた文字情報を元に、そのエピソードのスキットをつくってもらう活動です。皆さんが創るドラマですから、もちろんいま配った紙に載っていない情報を、クリエイティブに、想像を膨らませて補ってもらってもかまいません。

皆さんが今までエキスパートグループとしてまたジグソーグループとして共有した情報もヒントにしながら、スキットを創作してもらいたいと思います。これから話し合い、リハーサルを合わせて、15分ぐらいと考えています。そのあと発表15分。各グループのスキットの長さは３～４分ぐらい。質問ありますか？

スキットはドラマですから、動きがありますね。台詞もあります。役としては必ずしも登場人物だけでなく、色々な物（もの）にもなれますよね、このドラマの中でね。だから物語の登場人物の数と比べてグループの人数のほうが多いぞ、という心配は無用です。皆さんの想像（創造）力が大切です。いいでしょうか？ また質問があったら、回っていきますからそのときに聞いてください。実際動いてリハーサルをするとき、このホールのこの限られた空間よりももっと広いところでノビノビやってみたい、という場合は、ホールの外も使えます。

すぐに立ってやってみるグループもあれば、なかなか動き出さないグループもある。

相談：グループ２　　練習しながら相談：グループ１

４つのグループの練習

グループ４はトム役のタダヒロとベッキー役のリカ（いずれも大学生）に他の３人が演技をつけているという感じで進行。グループ3はインジャン・ジョー役のスゥサンがリーダーシップをとる形で練習が進行している。グループ1は「状況があいまい」と吉田に相談。吉田は「大丈夫。どのグループも挿絵と文字だけで、あいまいなところがあります。だから紙面では限られた情報を、グループみんなの想像（創造）で膨らましてみて」とアドバイス。

②舞台に立つ

「ではやってみましょう」という吉田の言葉に促されて、グループ1が舞台に設定された場所に出る。部屋の壁側、“だるまさんがころんだ”でオニが立っていた側だ。

吉田：皆さん、最初にスキットのタイトルを言った方がいいですか？　言わない方がいい？　じゃあ言わないで、「エピソード１（One）」という形でいいですかね。では、エピソード１です。

客席も演じ手も一斉に拍手。

▼グループ１：トムの塀塗り（１分半）

ケイコ：ある晴れた朝、トムは学校をさぼった罰で塀のペンキ塗りをやらされていました。

（オカヤンがトム・ソーヤ役。部屋の壁を塀に見立てて、大きな刷毛でペンキ塗りをしているようす）

カガリ：（からかいぎみに）やあやあ、大変そうだな、こんな暑い日にペンキ塗りやらなくちゃいけないんだ？ 汗だらだらだね。（観客席から笑い）

ノリコ：大変そう。

（オカヤン、声をかけられると同時にふりかえって、手が止まる）

オカヤン：遊びやで。

カガリ：エッ？　遊び？

オカヤン：めちゃ、おもろいで。やってみる？（ふたりに刷毛をもたせる。縦横に刷毛を動かすように手で示す）

ノリコ：わたしもやってみよう。

（カガリとノリコ、楽しそうにペンキ塗りをしている）

（それを見ながら何かを食べているオカヤン）

グループ１：トムはリンゴを食べながら友達に塀塗りをさせている

ケイコ：ベンたちはペンキを買ってきてまで続きをやろうとしてくれていました。塀塗りが終わらなければ、ベンたちは破産していたことでしょう。

客席から拍手。

吉田：トムと仲間たちの塀塗りの場面でしたね。ありがとうございました。

▼グループ２：無人島へ（２分半）

グループ２が前に出る。

吉田：はい、始まります（全員の拍手の中、いきなり始まる）

トシエ：あのババァさぁ

メイ：むかつくよね

ミヅキ、アヤカ：愛されてない、愛されてない

口々に：むかつくよね、愛されてない

メイ：あっちにさぁ、無人島ある。家出しない？

口々に：しよう、しよう

メイ：壮大な家出

（食料を確保しようということらしく、それぞれ家に帰って棚から食料などをとるしぐさ。もう一度集まる。ボートに積み込み、ボートを蹴飛ばして川に浮かべ）

スイー！スイー！スイー！ボートをこぐ

メイ：しゅっぱーつ！

口々に：スイー！　スイー！　スイー！（ボートを漕ぐ）

メイ：（前方を指さし）見えてきた。あれだよあれ！　あとちょっとだ！

（漕ぎ方を早め、メイのドーンという合図で島に到着）

トシエ：おなかすいた

メイ：エッ？もう？

アヤカ：火をつけよう

（アヤカとミヅキは焚火をはじめ、メイとトシエは木を取りに行く。戻ってきたメイは焚火のとことで何かを炒めているようす。４人で乾杯をする。口々に「うまい」「楽しい」などと言いながら食べている）

メイ：（空を指さして）雲行き怪しくない？

ミヅキ：降ってきた（頭に手をやる）

口々に：やばいやばい

（隠れ場所を探す。雨が相当激しくなったと見えて頭を抱えて「ワーッ」と叫び、固まってすわっている）

ミヅキ：（すっと立ち上がり両腕を横に広げ）一方、村では……（観客から笑い）

ミヅキは教会の十字架のようで、他の３人は村人となって拝んでいる。無人島に

子どもたちが冒険に出かけているとは知らない村人たちは、少年たちが行方不明になってどこかで亡くなっていると思い、悲しんでいる、というシーンのようだ。
　ここで終了。拍手。

吉田：「一方、村では」というのは何？
メイ：子どもたちは自分が愛されていないと思っているけれど、実は子どもたちがいなくなって、村人たちはとても悲しんでいる
吉田：子どもたちが死んでいると思って？
メイ：そう、死んでいると思って
吉田：ありがとうございました！

　ここでもう一度拍手。
　メイがトム・ソーヤ役。

▼グループ3：墓場での殺人を目撃（1分半）
　下手に椅子が二つ。下手からケイスケとアカネ、出てくる。
ケイスケ：墓って怖いね
アカネ：絶対大丈夫
（上手からスゥサン、ウッチー、トモコ登場）
ケイスケ：シーッ！（ふたり、椅子の陰に隠れる）
スゥサン：おれは昔からお前が気に入らねぇんだよ
トモコ：なんだって
スゥサン：医者だからってえらそうにしやがって
トモコ：ならず者のお前に言われたくないよ
スゥサン：賢いからって人を見下しやがって
（そこへウッチーが何か言いながら入る。スゥサン「酔っぱらいはうるせーよ」と肘でウッチーを突き飛ばす。ウッチー仰向けにお尻をついて倒れる）
スゥサン：今日こそお前に、恨みをはらす
トモコ：はらす？　何のことが知らねーよ
（スゥサン、トモコをナイフで刺す。トモコ倒れる。スゥサン、ナイフをウッチーのほうに投げ、ウッチーに近寄り）
スゥサン：おい、酔っ払い起きろ
ウッチー：（酔っぱらいのろれつで）ウルセーナー
スゥサン：ウルセーナーじゃないよ。とんでもないことをやったな、おまえ

ウッチー：何をしたっていうんだよ（トモコが倒れているのを見て、近寄り、起そうと「オイ、オイ」と体をゆする）

スゥサン：おい、おまえ、こいつ死んでるぞ？　お前が殺したんだよ

ウッチー：おれが？

スゥサン：おめえがさっきこれで（ナイフを渡す）殺したじゃないかよ

ウッチー：（手に持ったナイフを見ながら）おれがか？

スゥサン：おめえがだよ

ウッチー：おーい、おれはやってねーよ（椅子の陰から）

殺人を目撃

ケイスケ：ハック、これはどうするんだ。俺たちが密告するのか

アカネ：何言ってんだよ。もしそんなことをしたら、あいつら俺らを殺すよ

ケイスケが立ち上がりながら「ハイ」といって終了。拍手。

吉田は「こういう、村の日常のなかに起こる冒険もありました」としめくくる。

ケイスケがトム・ソーヤ、アカネがハックルベリー・フィン、スゥサンがインジャン・ジョーだった。

▼グループ４：洞窟で迷子（２分）

子どもたち５人がめいめい遊んでいる。

タダヒロ：ねえ、みんな。あっちのほうになにかあるよ（と舞台下手を指す）

キューピー：あれ、洞窟じゃないか？

タダヒロ：一回行ってみようよ

チハル：だめだめ。行っちゃだめだよ

トモ、キューピー：（口々に）大丈夫？　行ってみようよ

チハル：道分かる？

タダヒロ：大丈夫だよ。行った道を戻ればいいんだよ

リカ：ね、行ってみましょうよ

チハル：大丈夫？

タダヒロ：じゃあ、ぼくについてきて

（５人で洞窟をめざす。３人は足元に気を取られ口々に何かを言っている）

タダヒロ：あっちのほうに滝が見えるよ。行ってみよう

（リカと一緒にふたりだけで進む）

タダヒロ：すごいきれい

リカ：きれいね

（他の３人はすっかり退いてしまう）

タダヒロ：こっちの階段上っていて、また降りてこようよ

リカ：そうしようか

（しばらくふたりで進む）

リカ：なんか、みんなの声、聞こえなくない？

タダヒロ：あれ？ 確かにそうだね

リカ：えーっ？

（他の３人「バタバタバタバタ」「キキーッ」などと言いながら両腕をパタパタさせて出てくる）

リカ：コウモリ！ 怖ーい！

タダヒロ：コウモリなんて怖くないって

リカ：帰ろうよ

「コウモリ！」

タダヒロ：分かった。……あ、ごめん。やらかしてしまった。どっちから来たか覚えてない

リカ：そんな！ もうやめてよ。どうすればいいの（リカはうずくまって泣く）

（この間、飛び続けていたコウモリたちがポーズをとって止まる。全員静止）

拍手が起こる。

発表を見守る

吉田：『トム・ソーヤの冒険』に出てくる４つの冒険エピソードがドラマ化され、それぞれグループの個性が出ているスキットが上演されました。やってみて皆さんから何か感想はありますか？　「冒険」というとファンタジー、非日常と思われるかもしれませんが、マーク・トウェインが描いている冒険は、少年時代のごっこ遊びもありますけれど、日常の中で遭遇する冒険です。殺人事件を目撃してしまう場面もありましたね。洞窟の中で迷子になり死の恐怖にとりつかれる場面もありました。日常に潜む冒険のタネを取り上げているのが、『トム・ソーヤの冒険』の特徴ともいえそうです [9]。

[9] 武田：私たちが大切にしてきた「トムの冒険」プログラム。「私の冒険」「未来の冒険」に発展する土台となっている。2012年の獲得研の春セミナーでふたりで「トムの冒険・わたしの冒険」のワークショップをしたけれど、あの時は、2時間という時間の制約もあって大変だったね。
吉田：私は「トムの冒険・わたしの冒険・未来の冒険」を2016年度と2017年度に小学校教員対象の英語二種免許状取得のための講習「英語文学」（東京と鹿児島）で試みた。英語で書かれた文学の読解から発展させて、自分の冒険を語りそして他の人の冒険を見聞きすることは、文学を身近に感じ、そして人を生き生きさせることに気づいた。
武田：私は大学生対象の授業でやってみた。ジグソー法をやらないかわりに、英語で書かれた『トム・ソーヤの冒険』の簡易版を読んでくることを宿題にした。未来の自分を語ったり演じたりすることが、キャリア教育にもつながっていく。
吉田：今回は１日のワークショップのなかで、未来の冒険を切り離してワークショップ最後にもっていくチャレンジをしたね。

★見せることを意識せずただ楽しく★……………………………………参加者の声

チームを組んですぐ出会ったばかりの人たちで取り組んだアクティビティなのでとても印象に残りました。ジグソーはなかなか時間もタイトで厳しかったのですが、日本語が母語でない方のために再度確認したのが、本当は私自身のために役立った。トムの冒険については、「見せる」ということをまったく意識せずただ楽しくやった。「笑いすぎじゃない？」という声もグループのなかであがり、「ここはまじめな顔でやろう」などと考えました。

【グループ２／トシエ】

●自分の冒険を語りグループで演じる―わたしの冒険

①自分の語りを形に

引き続き、吉田が説明していきます。

吉田：休憩を挟まないで、お昼までの最後のアクティビティをしたいと思います。ここまでは、作家マーク・トウェインの少年時代にもつながるトム・ソーヤの冒険を、題材をもとに皆さんの想像で膨らまし創作してもらいました。今度は皆さん自身の冒険をもとにしたアクティビティです。皆さんがトムぐらいの年代の時、トムって、いくつぐらいだと思いますか？

（「10歳」という声が上がる）

そうですね。10歳、11歳とすると小学校4年生から6年生ぐらい？　それぐらいの年代から、今日ワークショップに参加するまでの間で、自分にとっての「初めての冒険」、あるいは「自分の人生の中で一番と思う冒険」エピソードを一つ思い起こしてください。冒険の定義はこちらで提示しません。皆さん一人ひとりにとって冒険と思うエピソードを皆さん一人ひとりが選び取ります。

さきほど「トム・ソーヤの冒険」を発表したときと同じグループで、まず各自のエピソードをグループ内で共有していきます。語る時間はひとり1分。せいぜい1分半。2分は長いです。1分と決めておきましょう。そして、それぞれのエピソードを1枚か2枚の静止画にします。グループに4人いたら、最低4つの静止画ができるはずです。[10] でも、ビフォーアフターじゃないけれど、2枚静止画が欲しいなという場合は2枚でも構いません。それはエピソードを語る人が1枚か2枚かを決めてください。

各静止画にはグループ全員が参加します。4人のグループで、ひとり1枚静止画を作るとしたら、4枚の静止画にみんなが参加します。ちゃんと主人公もその静止画に入ってください。そこまで大丈夫ですか？　エピソードの語り手が、こういう風に静止画をつくりたいなどのアイディアを出してもらうのがよいと思いますが、みんなで協力してつくってください。

[10] 武田：ファシリテーターとして最初にどこまで指示を出しておくか？まりこさんは、ゴールまで説明するタイプ。
吉田：アクティビティのゴールまで最初に示しておくと心の準備ができる。
武田：私はどちらかというと時間と説明を区切ることが多い。表現の仕方を先に話すと、「表現しやすいことを話そう」という心理が働いて、言いたいことを言わなかったりする。あえて心の準備をさせないで、即興表現を楽しむ感じ。

最後、発表してもらいますが、静止画だけだと、写真のようなもので言葉が無いですから、なにを表しているのか観客から見てわからない場合も出てきますね。だから、観客に肩をタッピングしてもらうことにします。[11] タッピングというのは、例えばこういう静止画があったとしたら（とミヅキに近づき）、肩にポンと軽く触れます（ミヅキの肩に手を置く）。それを合図に一文か二文ぐらいの長さのせりふを言ってもらいます。１枚の静止画のなかの全員をタッピングしていくと、「ああこういうことを表現した静止画なんだな」ということが見えてくる、というねらいです。場合によっては、その静止画の深い意味まで明らかになることもあります。というわけで、静止画をつくるとき、それぞれがタッピングされたとき、何を言うか、も考えてください。ここまで大丈夫でしょうか？

準備の時間としては、15分を目安にします。それから発表にうつります。ここまでで質問ありますか？

[11] 武田：ここで、観客にタッピングしてもらう、というやり方にしたのはなぜ？
吉田：演じる側がセリフを用意しているわけだけど、観客にタッピングの主導権を渡すと、グループ内でセリフを言う順番をあらかじめ決められない。だから、見る側がセリフをつなぎあわせながら想像力を掻き立てられる。「あ～あ、そういう場面か」となるのが面白い。

ケイコ が手を挙げ「すみません、よっつ？」と質問し始める。吉田はすかさず「同じグループの人だれですか？」と尋ね、３人が手を挙げる。吉田が「あとの３人の方たち、今の説明分かりましたか？」と問うのに対して、カガリが「大丈夫」と答える。「じゃ、グループの中で説明をしてもらって、もしそれで分からなかったら、あとでこちらがグループを周るときに補足説明するのでいいですか」と言う吉田にうなずくケイコ。[12]

「では、グループのなかで話してみましょう」という声かけで、グループで話し始める。

２分ほど経過したところで話し合いを止め、吉田は静止画の説明をする。

[12] 武田：ここでケイコに説明しなかったのはなぜ？
吉田：説明を始めると、最初から全部説明しないといけないと思ったから。直観的にグループのなかで解決できる質問と思った。グループのなかで理解している人がいれば、そのメンバーたちにケイコを助けてもらえば良い関係がつくれると思ったので、グループメンバーに質問した。

吉田：静止画というのはね。ふうみんちょっと入ってもらっていい？　夏の風物詩ということでスイカになってもらいましょう。

（武田、しゃがんで丸くなる。吉田、子どもが棒をふりあげるポーズ）

吉田：写真のように静止するのですが、写真と違って立体的になります。奥行きが出てきます。タッピングするときは、モノでもタッピングします

（武田にタッピング）

武田：食われてしまうのか（会場笑い）

吉田：「食われてしまうのか」と言いましたね。（吉田、目隠しして棒を振り上げる子どものポーズをとりながら）子どもがタッピングされたとしたら例えば「どこにあるのか分からない」とかね。状況が見えてくるセリフを考えてください。[13]

[13] 吉田：ここのデモンストレーションは、その場で、静止画のデモをやったほうがいいと思い、即興的にやったけれど、本当は事前に打ち合わせが必要だったと思う。静止画およびタッピングを参加者に理解してもらうのに、デモの明解さは重要だから。
武田：かえってデモに引きずられるという場合もあるんじゃない？　今回で言うと、まりこさんが私をスイカだといったので、私はスイカだと言わずに「食われてしまうのか」と言ったけれど、本当なら私がスイカだと言わないと伝わらなかったりする。
吉田：デモなしでも良かったかも…。
武田：直観的に、必要と思うときもあるのよね。

どのグループも一人ひとりのエピソードをうなずきながら、時には笑いながら、熱心に聞いている。グループ２では、トシエが「静止画をつくりやすいエピソードがいいよね」などと言いながら語り始める。

５分ぐらい経過すると、立って静止画をつくり始める。グループ２から「静止画は何枚？」という質問が出され、吉田が「１枚か２枚で」、「チームで４枚以上」、「どれもタッピングします」などと答えている。静止画、タッピングを一人ひとりつくるのか、そのつなぎをどうするのか、ルールをよく呑み込めていない様子だった。

しかし、次第に、どのグループも順調にアイデアを出し合って、形が決まっていく。それぞれの静止画が出来上がったころを見計らって発表に移る。

静止画をつくるグループ１

②タッピングでセリフを言う

自主的に発表を名乗り出て、グループ4から発表することになる。

▼グループ4

吉田：トモさんのエピソードです。見てみましょう。観客の皆さんタッピングに出てきていただきたいのですが、最初は私がやってみますね。スリー、ツー、ワン、アクションで静止画をつくってください。

吉田の「スリー、ツー、ワン、アクション」に合わせて、みんなで言う。

トモのタイトルは「初お転婆」。

タダヒロ、リカ、キューピー、手を横に広げ膝をついて横1列に座る。トモは、リカとキューピーの肩に手を置き、後ろから腕を乗り越えようとするように右足を上げる。チハルは斜め前から、トモを見ている。吉田がタッピングしていく。

タイトル「初お転婆」

タダヒロ：頑張れ！

リカ：何か、すごい元気のいい子が来た。

キューピー：行ってまえ～！

チハル：何やってるの？

トモ：意外といける。

吉田：何をするところなの？

トモ：校門を乗り越えている。（吉田の「校門?!」と全員の大爆笑が重なる）

（拍手が起きる）

次は、リカ。タイトルは「珍味」。

キューピー、チハル、まるく手をつないでしゃがむ。お皿らしい。そのなかで、トモは丸くなってしゃがむ。両手を頭の上に載せ、指は少し立っている。ひよこの頭の羽か？　リカはお箸をもってお皿（？）の前に座っている。タダヒロは、お盆を持つような格好で横に立っている。ウェイターだろうか。ウッチーが出てきて、肩にタッピングしていく。

リカ：フィリピンに来て、こういう初めてのものを食べるとは！

吉田が「その珍味は何ですか？」と尋ねると、孵化直前のアヒルの卵をゆでた「バロット」だとわかる。全員拍手する。

吉田：皆さんにちょっと一言追加説明しておきたいのは、タッピングで一文、二文ラインを言うときにその情景が観客に分かる様に情報を伝えてください。たとえば、今のも、「フィリピンに来て、孵化しかけのゆで卵を食べるとは」というように、もう少し具体的な情報がラインに入っていると、ファシリテーターから確認しなくて済むので静止画発表がスムーズに進みます。

次はキューピーのエピソード。キューピーが「国境」というと、吉田の合図で観客全員が「３、２、１、アクション！」という。

リカが、仰向けに横たわる。トモとタダヒロは、リカを挟んで両脇に立つ。チハル、キューピー、少し離れたところ、トモの側からタダヒロを見ている。スゥサンがタッピングに出てくる。

リカ：ここからこっちマケドニア、ここからこっちギリシャ。

タダヒロ：パスポートの交換お願いします

トモ：はい、お願いします。

チハル：何やってるの？

キューピー：パスポート渡して大丈夫なのかな？

静止したまま、しばしの間。全員、拍手。

タダヒロのエピソード。タイトルは「二度とやらない」。

トモとチハル、１メートルぐらいの間隔をあけて向かい合って両手を広げて、手前の片手を床に着く。もう片方は上げて、ふたりで坂を表現している。リカは坂の上方の脇で、こぶしが頬の近くにくるぐらい両腕を上げて立つ。キューピー、タダヒロ、やはり坂の上のほうに並んで立つ。ケイスケがタッピング。

トモ：（歌うように）坂、坂、坂、坂、坂

チハル：きついやろ！

タダヒロ：ホンマに歩いて帰るんか〜。

キューピー：歩いて降りよーや。

リカ：熊注意！

タイトル「二度とやらない」

（リカのポーズに「熊の看板か？」の声が上がる。みんな爆笑。）

吉田：何かひとこと、言いたい事あれば、どうぞ。

タダヒロ：この夏友だちと比叡山に行ったんですけど、帰るときにその友達が「歩いて帰りたい！」と言い出して……

吉田：あそこケーブルカーなのね？

タダヒロ：本来はケーブルカーを使います

（だれかの「おお！」という声とともに全員拍手。）

チハルの冒険のタイトルは「行けない」。小学校一年生の時、工事でいつもの道が行けなくなって困ったときの思い出が表現された。

以下、それぞれの冒険は次のようなものだった。

▼グループ２

ミヅキ「洞窟で迷い、水位が上がってくる。出るのに間に合うか」（**写真Ⓐ**）

アヤカ「外国、空港からホストファミリーに会うまで、知らない道の不安」（**写真Ⓑ**）

メイ　「北海道で道に迷った、鹿が出た」（**写真Ⓒ**）

トシエ「自転車で山に登ったが、道がないので自転車を担いで歩いた」（**写真Ⓓ**）

グループ２の静止画発表

▼グループ１

カガリ「犬が怖い。プリン公園に行きたいけれど行けない」（写真上）

オカヤン「トゲトゲの木のあるところを強引に突っ切る遊びが冒険だった」

ノリコ「クリスマスキャロルで、知らない家々をまわった」

ケイコ「15年ぶりの学生生活。子どもの本が好きで女子大に入学したが、ドキドキ」

グループ１「犬が怖い…」

グループ３「子どもだけで川の下流へ…」

▼グループ３

トモコ「子どもだけで川の下流へ泳いで行った冒険」（写真下）

ウッチー「高校受験で、試験後、気がついたら電車を乗り違えていた」

ケイスケ「山口までヒッチハイク」

アカネ「見つかったらヤバイよ。完全下校と言われたのに、友達と隠れて学校で遊んでた」

スゥサン「馬が怖い。牧場で働いたとき、馬を牧場に出すのがおっかなびっくり」

一人あたりの所要時間は１分程度。静止画をみて「なんだろう」と思っても、セリフで納得したり、笑ったり。それぞれの冒険を共有することで、一人ひとりが一気に身近な存在となった。

吉田：ありがとうございました。これで『トム・ソーヤの冒険』から始まった冒険エピソード、皆さん自身の今までのいろどり豊かな冒険を共有することができたと思います。[14] まだ「冒険」は今日続いていきます。午後のお楽しみです。皆さんお腹空いてきた頃だと思います、ランチタイムです。お疲れ様でした。（全員で拍手）

午前の部は、12時10分に終了。

[14] 吉田：「トムの冒険」の助走から「わたしの冒険」へと発展したのだけど、これがあるおかげで、自己紹介以上にお互いを知るワークになったね。
武田：午前中のアクティビティで、みんなほぐれて、午後には何が来ても大丈夫といった感じになっていたね。

★トムの冒険からわたしの冒険へ★……参加者の声

グループの中で話し合いながら、発表するものを作っていく最初の作業でした。アイデア出し合ううちに、（うわ！ ワークショップだ、自分を表現できるかしら）といった、いつもの「ちゃんとしたい病」もどこかへすっ飛んで、グループ全員の共通のゴール目指して、何か作るという目的だけに集中していました。お互いの距離感も、あっという間に、いつの間にか消えていて、夢中で作業していました。自分のこれまでの人生の最大の大冒険、というテーマは、自分をふり返る良いきっかけになりました。自分の、その時の喜びや期待や高揚感、皆が協力して形にしてくれたおかげで、またよみがえりました。自分のふだん使っていない頭の中の部分が出て、必要ないヨロイなど、忘れて、純粋に楽しんでいました。

（グループ１／ケイコ）

「自分の冒険」といきなり言われても、「そんな大層な生活も波瀾万丈の人生も送っていない…」となりがちですが、（実際にそういうグループメンバーもいましたが）「こんなささいなことでも一歩踏み出すのに苦労した」「やりとげたときの心労や達成感等を思い出した」ということを共有できました。人生は小さな冒険心のあつまりなのかもしれないとも思いました。

（グループ４／リカ）

トムの冒険から自分の冒険へと個人化する。この年齢（50代）になってそれまでの自分の冒険というものをふりかえることは、自分の半生を思い出す作業で、大変なことと思えたが、それほど大変な作業ではなく、むしろ楽しい作業であったことが印象的でした。

（グループ４／トモ）

コラム 2

『トム・ソーヤの冒険』～人気の秘密～

吉田真理子

マーク・トウェインはミズーリ州ハンニバルで幼少期を過ごしましたが、そこから車で約2時間という距離にある同じくミズーリ州マーセラインに生まれたのがウォルト・ディズニー（1901～1966）です。ディズニーは幼い頃からトウェインの作品に親しんでいたと言われます。そして、夢の王国ディズニーランドを構想したときには、「トム・ソーヤ島」と呼ばれるアトラクションを自ら設計し、「トムとハックの木の家」「インジャン・ジョーの洞窟」などの冒険施設を考案します。園内には「マーク・トウェイン号」と名付けられた蒸気船も巡航させています。

『トム・ソーヤの冒険』は、繰り返し映画化もされています。最も早い時期のものは無声映画『トム・ソーヤ』（1907年制作）です。初のトーキーは『トム・ソーヤ』（パラマウント映画、1930年制作）で、チャップリン映画の『キッド』に7歳で出演してスターとなったジャキー・クーガンがトム役で出演しています。また、デビッド・セルズニック監督が『風と共に去りぬ』の前年に『トム・ソーヤの冒険』（1938年）を制作しています。ミュージカルに脚色された映画『トム・ソーヤ』は1973年に制作され（ユナイテッドアーチスト）、後にスターとなっていくジョディ・フォスターがベッキー役を演じています。そして、1995年には、ディズニー映画『トムとハック』が公開されています。

トウェインは、自身の作品の舞台化にも挑戦していましたが、アメリカ本国において、地域の劇場や文化センター、学校などでトウェインの作品が上演されてきた歴史は長いでしょう。日本でも、劇団アルファーとその前身の劇団によって『トム・ソーヤの冒険』がミュージカル構成で児童向けに30年以上にわたり上演されているようです。ちなみに、津田塾大学学生自主フォーラム「小学生英語のひろば」は、毎年夏に本学学生スタッフと地域の子どもたちで英語劇をつくるプログラムを実施していますが、2018年度に取り組んだ作品が『トム・ソーヤの冒険』でした。

ミュージカルといえば、『トム・ソーヤの冒険』にもトムの遊び仲間として登場するハックが主人公となり、逃亡奴隷ジムとのミシシッピ川の旅を語る『ハックルベリー・フィンの冒険』をミュージカルに脚色した

『ビッグ・リバー』(1985年) は、ブロードウェイで最も栄誉あるトニー賞7部門賞に輝き話題となりました。さらに同作品の演出に関して、2002年にロサンゼルスを拠点とするデフ・ウェスト・シアター (Deaf West Theater) という手話劇団がラウンド・アバウト・シアターと協同制作し、聾者と聴者の俳優が手話を交えながら語り、歌い、そして踊る革新的な舞台づくりで、L.A.演劇評論家サークル賞等を受賞しています。2004年には東京と大阪でも公演があり、話題を呼びました。

日本で最初に『トム・ソーヤの冒険』を1919年に翻訳して紹介した人は佐々木邦という英文学の教授であり、子ども向けの物語作家として人気を博していた人物ですが、原作が大幅に変更されて紹介されたそうです。その後、今日に至るまで『トム・ソーヤの冒険』は翻訳家や研究者それぞれのスタンスによって翻訳されてきており、その翻訳を比べながら原作にあたってみるのも大変興味深いことでしょう。

日本では、〈トム・ソーヤ〉といえば、少年の冒険と成長の代名詞ともいえるのではないでしょうか。都会の中学生の冒険を扱った『都会のトム&ソーヤ』(はやみねかおる・にしけいこ著、講談社) は、巻を重ねる人気シリーズとなっています。また、コミック『南国のトム・ソーヤ』(うめ著、ナンバーナイン) では、南国の架空の島の少年少女と都会から来た少年の冒険と成長の物語が描写されています。一方、「遊び」の視点からは、『トム・ソーヤの冒険』に出てくる遊びと日本の遊びを扱った『トム・ソーヤからの贈りもの』(山本清洋著、玉川大学出版部) は、保育者や子どもに関わる人にむけて、子どもの成長に欠かせない遊びをとりあげています。

さらに、日本発の長編アニメ映画にもトム・ソーヤは登場します。日本アニメーションが制作した『トム・ソーヤの冒険』は、1980年1月〜12月まで毎週日曜日夕食時に、合計49回のエピソードがフジテレビより放送されました。現地調査に基づいた高品質の絵によって表現された、合計24時間におよぶこの大作アニメは、高い視聴率を維持したそうです。そして、この日本で制作されたアニメ版『トム・ソーヤの冒険』は、ヨーロッパ、東南アジア諸国の主要テレビ局で放送され、アメリカではＨＢＯが購入し、"The All New Adventures of Tom Sawyer" というタイトルのもと、1990年代以降、世紀を超えてアメリカ市場に流通しています。

2017年8月、私は、この本の共著者でもあり、ドラマ・ワークショップを一緒に開発してきたふうみんと一緒に、トウェインが幼少期を過ご

column

したミズーリ州ハンニバルを訪れる機会に恵まれました。ハンニバルでは、毎年７月初旬を「トム・ソーヤの日」に定めており、特にアメリカ独立記念日でもある7月4日にはいろいろなイベントが開催されます。そのなかでも最も注目を集めるのが、その年のトムとベッキー５組のなかから最終選考で “The Official Tom and Becky” １組が選出されるイベントです。ハンニバルの町と人々には、マーク・トウェインの遺産を守り語り継いでいこうとする強い意思と誇りを感じます。詳しくは、この本の第５章「ＦＭプロジェクトの旅」をご覧ください。

【参考文献】

石原剛『マーク・トウェイン　人生の羅針盤～弱さを引き受ける勇気』(ＮＨＫ出版：ＮＨＫカルチャーラジオ、2016 年７月～９月)

石原剛『マーク・トウェインと日本　変貌するアメリカの象徴』(彩流社、2008 年)

亀井俊介監修『マーク・トウェイン文学／文化事典』(彩流社、2010 年)

吉田真理子「『ビッグ・リバー』(デフ・ウェスト・シアター・プロダクション) 鑑賞―その教育的意義―」『英米文化』(英米文化学会編、2006年) No.36, pp.89-110.

４ 川にまつわる歌合戦

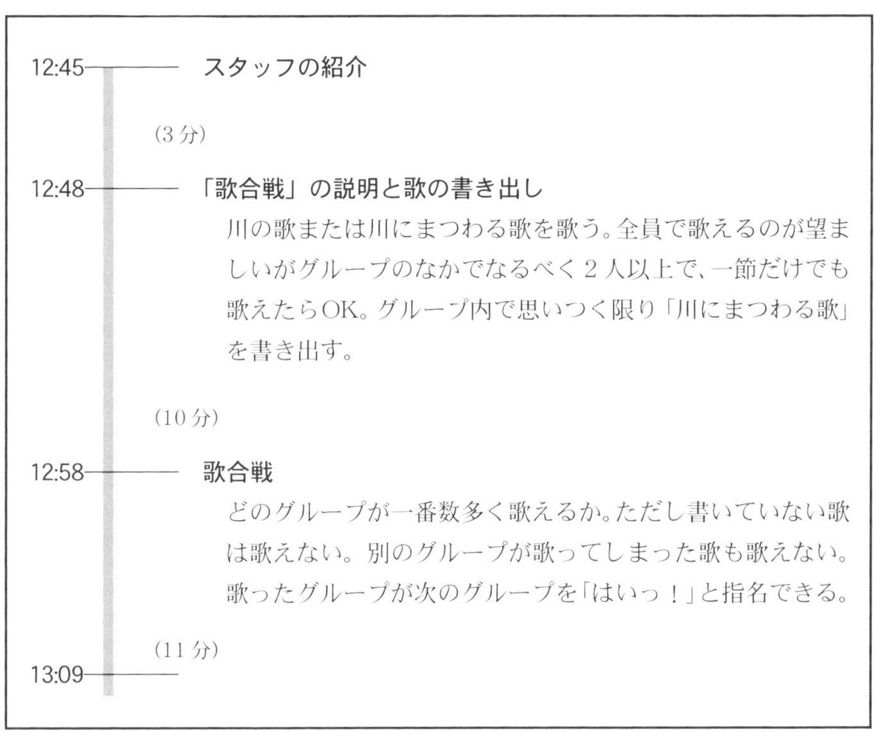

■ポイント■

このワークショップのもう一つのキーワード「ミシシッピ川」にちなんで、「川にまつわる」としました。個々人のもっている文化の違いに触発されて多様な歌が出てきます。また「川にまつわる」の解釈にも思考の柔軟性が発揮されます。

●「歌合戦」の説明と歌の書き出し

昼食時間。いくつかの机を囲んで、和やかな食事。記録ビデオや写真撮影のために閉じられていたカーテンが昼休み中は開けられ、武蔵野の面影を残す木立を通して、太陽の光が部屋に射し込む。35分間という短めの休憩後、再びカーテンが閉じられ、午後の部が再開。

ふたりのカメラマン尾崎邦夫さんと平井誠さん、教材となる絵を描いてくれた宮﨑聡子さんの紹介後、午後のアクティビティが始まる。

午前中のグループに分かれ、グループに1枚、模造紙が配布される。

吉田：グループ対抗歌合戦というのをやってみたいと思います。最初にグループの中で知っている歌をリストアップしてもらいますが、歌のお題があります。今日のワークショップはマーク・トウェインとゆかりの深い「ミシシッピ川」がキーワードになっていますので、お題は「ミシシッピ川」…ではなく、「川にまつわる歌」です。

皆さんが知っている「川を主題にした歌」、「川にまつわる歌」を思いつく限りその模造紙にタイトルを挙げていってください。歌は童謡でも、Jポップスでも、演歌でも、外国の歌でもかまいません。まずは「川を主題にした歌」を挙げてみてください。「これ以上浮かばないぞ」となったら「川にまつわる歌」をそのあとに続けてリストアップしてください。ポイントは、なるべくいっぱいリストアップする事です。「川にまつわる」という場合は、川の情景を思い浮かべてみてください。その川の周辺には何があるかな、なにが見えるかな、どんな生き物達がいるかな、と考えていくと「川にまつわる歌」というのが意外に思い浮かんでくると思います。

（参加者から「歌えないとだめですか？」と質問が入る。）

吉田：はい、一応歌えないと困りますね、歌合戦だから。まずは2〜3分あげますからリストアップしてもらって、みんなで話してダーって書きますね。ただポイントは、グループのなかで、できれば全員が知っている曲、そうでなければ、なるべく2人以上知っていることが望ましい。

そのあとの歌合戦をどういうふうにするかというと、まずは最初に私が「はい、このグループから」と指名します。そうしたらリストアップした歌の中から歌います。全部歌わなくてけっこうです。サビの部分でも、出だしの部分でもいいです。

例えば、このグループが（とグループ4を指す）「♪ブンブンブン蜂が飛ぶ♪　ハイ！」と言って次のグループを指名できます。そしたら、指名を受けたグループは何か歌わなければいけません。今言ったみたいにサビの部分でも、あるいは出だしのイントロのところを歌って、「はい」と次に回す事もできます。一回出ちゃった歌は、もう二度と使えません。最後まで残ったチームが勝ち！　なので、できるだけいっぱい書き出してくださいね。

武田が手を挙げ「はい、質問。最後まで残ったチームが勝ちだけど、ここ（模造紙）にあらかじめ書き出していないヤツはその場の咄嗟の思いつきで歌えないわけやね？」と念を押す。吉田は、「そのとおりです！ 皆さん、大丈夫ですか？」と問いながら参加者をみまわす。

武田は再び「質問！」と、吉田の目の前まで進んで挙手をする。吉田は「参加者、誰も質問してきてないでしょ」と不満げだが、武田はかまわず「午前中の〈わたしの冒険〉アクティビティのとき『冒険の定義は各自に委ねる』というスタンスだったじゃない？ このたびの、〈川にまつわる〉もそれと同じスタンスでいいんでしょうか？」と念を押す。

吉田：「川にまつわる」だから。関係があれば、どっかでつながっていればOK。だからもしかしたら、「あ、それも川につながるのか！」みたいな気づきや発見もあるかもしれませんね。
　大丈夫ですか？ では書き出す時間は２～３分です！ はい、始めてください！

グループ内が一気ににぎやかになる。頭を寄せ合って、書いている。「いい！ それいい！」などの声が聞こえる。吉田はグループをまわって「がんばって」などと声をかけている。グループ１はなかなか歌が出てこない。気になって、武田が横に座り、出た案に「いいと思うよ」などと激励する。

歌をできるだけたくさん書き出す

●歌合戦

吉田が歌合戦の方法をもう一度確認する。各グループが模造紙をみんなに見せようとするのを制して、「他のグループに見せなくていいです。自分たちだけ分かれば」と言う。グループごとにかたまって、全員立ち上がる。

吉田：さて、どのチームから行こうかな。じゃあ、このチームからどうぞ！
（グループ４を指名する。）

グループ４：♪春の小川はさらさら行くよ♪　ハイ！（グループ２を指名）

グループ２：♪カエルの歌が聞えてくるよ♪　ハイ！（グループ１を指名）

歌い終わって次のグループ１が歌いだすまでに間があく。すかさず、吉田から「もうちょっとみんな、テンポよくやってくれる？」との声がけ。

グループ１：♪春のうららの隅田川♪（グループ１は出だしがそろわない）ハイ！
（グループ３を指名）

グループ３：♪ああ、川の流れの様に♪

グループ４：♪ムーン・リバー、ルルルルル～♪（いきなりメロディーだけになり会場から笑いがおこる）

グループ１：（やや元気なく）♪Row, row, row your boat gently down the stream♪

グループ２：♪海は広いな大きいな♪

スゥサンから「海やん！」とツッコミが入る。メイが「川から海になる、水なんで」とリスポンスがある。んん、なるほど、といった雰囲気に包まれる。

グループ３：♪ウサギ追いしかの山 小鮒釣りしかの川♪

グループ１：♪雨雨降れ降れ母さんが 蛇の目でお迎えうれしいな♪

あいかわらずグループ１の出だしはそろわない。それがなんとなくユーモラスで会場から笑いがおこる。

グループ４：♪あなたはもう忘れたかしら（会場から大きく「あ～あ（なるほど）」の声）赤い手ぬぐいマフラーにして♪

グループ３：♪君の目の前に 川が流れる 広く 大きな川だ♪

グループ2：♪ポニョポニョポニョサカナの子　青い海からやってきた♪
グループ4：（ひとりで）♪イムジン川水清く♪
グループ3：（ふたりで）♪フィナーレをフィナーレを こんなにはっきり予想して川は 川は♪
グループ1：♪ほう　ほう　ほたるこい　あっちのみずはにがいぞ　こっちのみずはあまいぞ（でも、声がそろわない。ケイコひとりになってしまうが、カガリも加わって）ほう　ほう　ほたるこい♪
グループ2：♪サカナ　サカナ　サカナ（会場爆笑）サカナを食べると♪

吉田から「『ハイ！』って言うの、勢いよく皆さん言ってくださいね」と声がかかる。

グループ3：♪水の流れに花びらを♪　五木ひろし、千曲川です。
グループ4：♪ London Bridge is falling down, falling down, falling down ♪
グループ2：♪屋根より高い鯉のぼり♪（「いやいやいや、コイ？」のつっこみに会場、大きな笑いに包まれる）
グループ1：♪笹の葉さらさら軒端に揺れる♪（「ああ」の声が他のグループよりもれる）

「はい、次」

ようやくグループ1の息があってくる。

グループ3：ラララで歌ってもいいですか？　♪ラララ……、川は走り続ける♪
グループ2：♪とべ　とべ　とべ　とんび　空高く♪

メイが「江ノ島の川にいつもトンビいるんで、地元なんで」と釈明。会場爆笑。「川の風景なんだ！」の声。手をたたいて笑う人も。

グループ4：♪めだかの学校は川の中♪
グループ1：（選曲に手間取る。吉田に促されてカガリが）♪真赤な太陽　沈む砂漠に♪、どこに川が出てくるのか、ちょっと分からないんですけど。♪大きな怪獣は　涙で見つめてた　怪獣にも　心はあるのさ　出かけよう　砂漠すてて　愛と海の（と海を強調して歌う。爆笑がおこる）あるところ♪

「海じゃん」「海やん」の声と笑い。

グループ4：♪うめ〜だ川、ボートあげつる〜♪　もういいっすか？
グループ2：♪ディープ リバー♪　あと分かんない。

グループ1の「真赤な太陽　沈む砂漠に」あたりから、グループではなく一人で歌っている。吉田の「ほかに？　まだあるぞ！というチーム、どうぞ」の声に、グループ2は全員手を挙げ、ミヅキに「イタリア語、どうぞ」とうながす。ミヅキがイタリア語で歌い、「ワニ、川なんで」と解説。誰かが「ああ、ワニ」と声を出す。

次にグループ1が、♪君が代は 千代に八千代に さざれ石の いわおとなりて　苔の〜♪でストップ。会場爆笑。同時に吉田が「こけ？」とつっこむ。カガリが「苔、いいですよね？」と言いながらも歌っている本人たちもてれ笑い。

さらに吉田が「ほかにありますか？」と尋ね、グループ3からmiwaの「めぐろ川」、グループ4から、スピッツの「多摩川」がでた。

吉田：はい、ありがとうございました。実はファシリテーターが予想していたよりも、よほどいっぱい様々な曲が出てきました。曲がほとんど出てこなくて歌合戦にならないんじゃないかって、ふうみんも、すごい心配してたんですけど、[15]皆さんすばらしいです！　ありがとうございました！

爆笑のうちに歌合戦が終了。

> [15] 武田：私には最初抵抗があったアクティビティ。グループ対抗で歌合戦をするのは、歌が苦手な人がノリにくいのではないか、歌のレパートリーが「川にまつわる」と言われて出てくるのか、など不安があったけど、やってみると意外に盛り上がった。
> 吉田：PETA（コラム5参照）のワークショップでの体験があったから、絶対盛り上がると思ってた。PETAのときは子どもの人権がテーマだったから、「子ども」が歌合戦のキーワードだった。
> 武田：合戦と名付けているけれど、順位を決める競争じゃないのね。
> 吉田：「川にまつわる」というとき、ファシリテーターがどこまで容認するか、ファシリテーターの姿勢が大切になってくるアクティビティだと思う。今回は、後のマイク・フィンクの物語を創作していくアクティビティへとつながるウォームアップとして、発想の広がりを大切にした。

★他の人の発想は異文化理解★……参加者の声

川の曲が「春の小川」しか思い浮かばなくて、他のチームメンバーからたくさん出てきたことにとても驚いた。自分の班では童謡や民謡である「最上川」「メダカの学校」などの曲が出た。学校の現職の先生であれば、合唱コンクール等そういった歌と密接にかかわっているのだろうと感じた。このことと、同時に自分の生活している空間がいかにこういったものと疎遠であるかに気づかされた。他人と自分の感覚に気がつかされる、まさに異文化理解だと思います。

【グループ4／タダヒロ】

5 オール・マン・リバー

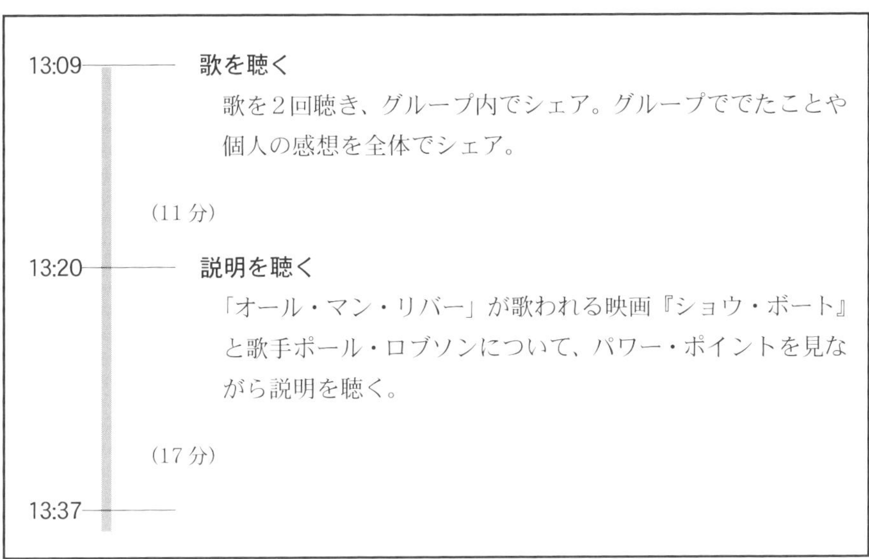

■ポイント■

「曲を聴く」という音の感性を「知る・考える」ということにつなげる試みです。

「楽しい」をモットーにした他のアクティビティと比べるとき、これは異色のアクティビティかもしれません。19世紀のミシシッピ川を舞台とするとき、アフリカン・アメリカンの歴史は避けて通れません。ミシシッピにまつわるある人物の、アフリカン・アメリカンゆえの人生の冒険に思いを馳せてもらえたらと思います。

●歌を聴く

目を閉じて歌を聴く

吉田：皆さんから今、いろんな川にまつわるが出てきましたけれども、次はミシシッピ川にまつわる歌を紹介したいと思います。まず1曲皆さんに聴いてもらいますが、目をつぶって聴いてください。

ポール・ロブソンの歌う「オール・マン・リバー」が流れる。[16] 映画『ショウ・ボート』の主題歌といえる曲。曲が終わって——

[16] 吉田：今回のWSは楽しく笑いに満ちたものにしたいと私たちは考えていたけど、内容としては、社会の抱える問題にも目を向けることが19世紀ミシシッピ川の文化を語るとき欠かせないという思いもあって、このアクティビティを入れたのよね。
武田：2日間のWSだったら、『ハックルベリー・フィンの冒険』も入れたかったよね。ハックが逃亡奴隷のジムと筏で下っていって、賞金稼ぎらしき白人から「筏にいるのは白人か、黒人か」とせまられるシーン（コラム3参照）。

吉田：オール・マン・リバーというのが何回か出てきたと思うんですね。オール・マンはオールド・マン(Old Man)で、ミシシッピ川を親しみをこめて「オヤジ」と呼んでいます。歌詞は英語ですが、これは英語のリスニングが目的のアクティビティのではないので、英語の歌詞が聴き取れる人もわからない人も、メロディに耳を傾けてこの歌に歌われるミシシッピ川と、それにまつわる情景を思い浮かべてみてください。

もう1回流しますので、今度は目を閉じたまま、メロディに合わせてからだを動かしてみたい人は動かしてみてもいいですし、ダンスムーブメントみたいにして動いてみてもらってもかまいません。一人ひとりがからだで感じながら聴いてみてください。

2度目に聴くとき、4～5人は曲に合わせて、ゆらゆらとからだが動いている。歌の余韻を感じたあと、この歌を聴いて動いてみて、どんな歌だったか、それぞれが感じたこと、思ったことをグループの中で少し共有する。

語らう

グループ内では、歌合戦の時のにぎやかさとは対照的に、しずかに話している。5分ほど話し合ったのち、各グループで話したことを紹介してもらう。

ウッチー（グループ3）：川の広さ。雄大な川の感じが、特に後半に（歌っている）男の人の低い声が広がりを感じさせる。あとディズニーランドのウェスタンランドで流れてそう。古き良きアメリカみたいな、そういうイメージを感じた

ミヅキ（グループ2）：言葉を注意して聴いていたわけではなかったんですけど、途中

"I'm afraid of living. I'm afraid of dying." と言ってるようなのが耳に入ってきて、そのあとに "Ol'Man River" と呼びかけ、多分、川は流れ続け、人間はこうやって生きて、死んでみたいな。歌っている人の個人的な深い思いとかがあるのかな、みたいな感じです

リカ（グループ４）：最初に言ってたグループと同じというか、似てるんですけど、日本の川より深くて広いなという感じはしました

オカヤン（グループ１）：初めはちょっと明るい感じだったんですけど、後半辺りがちょっとしんみりした感じになって。アップダウンというのが感じられた

それらのコメントを受けて、もう一度（３度目）歌を視聴した。今回は、映画の中で歌っているポール・ロブソンの映像が映し出された。

●説明を聴く

吉田が英語の歌詞を配布し、それを見ながら解説。

吉田：分かりにくいと思うんですよ、歌詞をみても。なぜかと言うと、時代設定は1880年から20世紀初頭にかけて、ミシシッピ川で船荷の積み下ろしをやっている黒人（今ならアフリカン・アメリカンといったほうがいいと思いますが）労働者ジョーという人物が用いたであろうことばづかいを表記しているわけで、いまのわたしたちが歌詞を見ても分かりにくいと思います。

（以下スライドを使って説明していく。）

スライド１：タイトル「ミシシッピ川にまつわる歌～オール・マン・リバー "Ol' Man River" ～」

①

スライド２：歌詞の日本語要約：さきほど皆さんに配布したものと同じですね。これは1936年に制作されたミュージカル『ショウ・ボート』という映画からです。

> オール・マン・リバー(Old Man River)よ、
> オール・マン・リバー、
> 彼は何か知っているに違いない、
> でも何も言わずに、ただ滔滔と流れていくだけ、
> 俺はもうへとへとで、立ち向かう気力すらない。
> 生きることにうんざりで、死に怯えている。
> だけどオール・マン・リバー、
> 彼はただ黙々と流れていくばかり
>
> 1936年アメリカ制作 ミュージカル映画『ショウ・ボート』
>
> ②

スライド３：映画『ショウ・ボート』の作品について：エドナ・ファーバーが書いた小説が作曲家ジェローム・カーンの目に留まり、オスカー・ハマースタイン２世がカーンの新しいアメリカン・ミュージカルの誕生になるという考えに賛同して生まれたミュージカルです。ミュージカルといえばまず劇団四季を思い浮かべるぐらい皆さんにとって身近かもしれませんが、この頃のアメリカはミュージカル黎明期だったといっても過言ではないでしょう。ショウ・ボートとは舞台が設置されている船のことで、舞台に出演する役者達は、基本的にその船を生活の拠点としています。

スライド４：『ショウ・ボート』の映画のあらすじ：一応この『ショウ・ボート』の映画の中身をざっくりここで紹介すると、“今日もある町にショウ・ボート「コットン・ブロッサム号」がやってきました。人々は外に出て歓迎。町は大変な賑わいを見せています。そんな中、ショウ・ボートの役者ジュリーとスティーブとの結婚が違法なものだと密告するものがいました。ジュリーは、白人の父親と黒人の母親から生まれた子どもであったため黒人であるとみなされ、白人のスティーブとの結婚は州法によって認められないとされていたのでした。ジュリーとスティーブがいる限り、その町でショーは公演できません。ふたりは船を降りることにしますが、そのためショーに出演する役者がいなくなってしまいます。”

スライド５：『ショウ・ボート』の映画のあらすじ、続き：“ショーの存続が危ぶまれるなか、賭博師のゲイロードが現れ、船長はゲイロードに役者にならないかと誘います。船長の娘マグノリアに一目惚れしたゲイロードは、二つ返事で引き受けます。そしてジュリーの代役はマグノリアが務めることになりま

す。”時代は1880年代半ばからほぼ半世紀にわたるファミリー・サガ（年代記）。

スライド6：ショウ・ボートの写真：実際のショウ・ボート。ORIGINAL FLOATING THEATERの文字が見えます。幾つかネットから選んできました。

ショウ・ボートの写真を見る

スライド7：別のショウ・ボートと人々の写真：とにかく1880年代、皆さん想像つかないと思うんですけれど、まだ映画も生まれてない。テレビなんて存在しません。サーカスは生まれていたのではないでしょうか。娯楽が大変少ない時代にこのショウ・ボートがやって来ると、住んでいる人はみんな楽しみにしています。「あ、ショウ・ボートが来た！」と言ってミシシッピ河畔に集まって来るわけです、その様子が写真に出ています。

スライド8：別のショウ・ボートと人々の写真：これもそうです。みんながショウ・ボートに集まってくる光景ですね。

スライド9：ショウ・ボートの模型の写真：ショウ・ボートの模型を展示しているミュージアムですね。模型にはここに観客席があって、舞台がしつらえてあって。ボートの中にしつらえた舞台と観客席です。

スライド10：ショウ・ボートの中の写真：これは中で実際にどんなショウをやっていたかという、一つの例として紹介しておきます。

スライド11：映画『ショウ・ボート』の中で歌うポール・ロブソンの写真：この映画のなかに、ショウ・ボート「コットン・ブロッサム号」で働く黒人のカップルが登場します。今現在私たちが生きているこの時代にはアフリカン・アメリカンといいますね。

⑪

この黒人のカップルは、料理人クウィーニーと、その夫ジョー。ジョーは船荷の積み下ろしをする労働者で、労働の合間をぬって木箱に腰を下ろして、ミシシッピ川の川面を見つめながら「オール・マン・リバー“Ol′Man

River”」を歌います。

スライド 12：ポール・ロブソンの肖像写真と説明：さっきちょっと映像に登場しましたが、ミシシッピの川面を見つめながらOl'Man Riverを歌っていたジョー役を演じた人です。多分、皆さん彼のバリトンの声に魅了されたかと思うんですけれど、映画も、そして舞台版の『ショー・ボート』も、ポール・ロブソンのこの歌声で一躍ヒットしたといっても過言ではありません。

ポール・ロブソンは1898年にニュージャージー州で誕生。父親は、南北戦争が始まる以前の南部で働く奴隷の子どもとして生まれましたが、15歳で逃亡、のちに牧師となった人です。母親はアフリカ系の祖先とデラウェア先住民、イギリスのクウェーカー教徒の血を受け継いでいます。

ここにちょっとフットボール選手時代の写真を載せていますけれども、ポール・ロブソンは、中学校ぐらいから学校劇にも出演し、フットボールの選手でもあり、歌手としても小さい頃から教会の聖歌隊に入っていて、そのときから声でみんなを魅了していた、そういう文武ともに優れた非常に優秀な人であったわけです。

スライド 13：続きの説明：ロブソンはコロンビア大学のロースクールを卒業後、法律事務所に職を得ますが、そこで働く白人秘書から「ニガーの口述は書き取りません」という差別的な発言を受け、事務所を辞めることになります。今では差別用語として絶対使ってはいけない「ニガー」ということばをぶつけられる、まだそういう時代であったわけで、人種差別からその事務所を辞職します。

けれども、すでに歌手として才能を発揮しており舞台にも出演していたポール・ロブソンに『ショウ・ボート』の「オール・マン・リバー」を歌うオファーが舞い込みます。というよりも、この「オール・マン・リバー」はポール・ロブソンに歌ってもらいたいと、作詞家、作曲家ともにロブソンが歌うことを想定してつくりました。

スライド 14：歌詞の変遷：実はこの映画は1936年制作ですけど、その前の1927年に、舞台版ミュージカルが上演されています。そのときのオール・マン・リバーの歌詞を一部紹介してみたいと思います。**(右上)**

こういう歌詞なんです。この作詞家、作曲家は、アフリカン・アメリカン当事者ではありません。当事者でない人がアフリカン・アメリカンの境遇を想像して、その身になって語っている歌詞という感じです。

ロブソンはアフリカン・アメリカンですから、これを歌ってくれ、とオファーがあってもそれは気が進みません。「ニガー」って自分を歌のなかで呼

1927年ミュージカル初演の「オール・マン・リバー」の歌詞

1 ニガーはすべて皆ミシシッピ川で働く
2 白人たちが遊ぶ間にニガーはすべて皆働く

＊ ＊ ＊ ＊ ＊

3 俺はもうへとへとで、立ち向かう気力すらない
4 生きることにうんざりで 死に怯えている
5 それでもオール・マン・リバーはただ黙々と流れていくばかり

⑭

ばせる、それは非常に屈辱的です。しかし、彼のマネージャーを務めていた彼の妻エッシーは説得にあたったようです。ならば、映画のジョー役を引き受けるにあたって、Niggersという言い方はやめて、せめてDarkies（黒奴）という言葉に変えて欲しいとロブソンは要請し、その主張が受け入れられてDarkiesに変更されて、ついにロブソンが歌うことになった、という経緯のある歌です。

Darkiesであっても差別的な表現であることに変わりはありませんけれど、ロブソンは百歩譲って妥協したというところでしょう。

スライド15：続き：さて、さきほど「川を主題にした歌」「川にまつわる歌」を思い出してもらいましたが、歌が、ある人のその後の人生と深く関わってくる場合というのがあるんですね。

このポール・ロブソンの場合がそうです。この「オール・マン・リバー」が、その後、彼の持ち歌になっていきます。実は彼は、『ショウ・ボート』出演後、芸術のための芸術をめざすことに留まるよりも、芸術を社会的な武器ととらえ、civil rights activist（活動家）となっていきます。

ロブソンはいろいろな状況下でこの歌を歌うことを請われます。こちらの左側のほうは炭鉱で働く労働者たちの中に入って歌っている写真。ときには戦場で戦う兵士たちの前で歌っていることもあって、スペイン戦争の最前線で歌ったりもしています。そのときにさきほどの歌詞が、少しずつ変わっていくんですね。

スライド14にもどる：スペイン戦争の最前線で歌うときは、4行目の歌詞“生きることにうんざりで、死に怯えている”というのは、“俺達は死ぬまで闘い続けなければならない”というふうに変わります。

1949年のヨーロッパ・ツアーでは、オリジナル曲の出だし“ミシシッピ川

と呼ばれるオヤジ（オール・マン）がいる”“俺はミシシッピ川のようなオヤジになりたい”という憧れは、“ミシシッピ川のようなオヤジにはなりたくない”と否定する表現に変更されています。

その後、彼は赤狩りの時代にはパスポートを剥奪されて、国境のこちら側からカナダの労働者に向けて歌ったこともあります。

10年を経てパスポートを返還されてオーストラリアの工事現場で働く労働者の前で歌ったときの歌詞というのは、また新たに4行目のところですね。“生きることにうんざりで　死に怯えている”というところは、“俺は死ぬまで闘い続けなければならない”という歌詞に変わりました。

元来俳優としてのロブソンがミュージカルの舞台で歌う黒人労働者の哀歌であったのが、年月を経て、闘士ロブソンが民族の誇りと権利のために歌う闘いの歌へと変わっていきました。

今日のワークショップ、午後は「川にまつわる歌」という皆さんの歌合戦から始まりましたが、『トム・ソーヤの冒険』の原作者マーク・トウェインにもゆかりの深いミシシッピ川にまつわる歌、ということで“Ol'Man River”を紹介させていただきました。

スライド16：ポール・ロブソンの切手：最後に、ポール・ロブソンの肖像画を切手にしたものが発売されているのは発見でした。2004年と書いてありますね。これをもって、ポール・ロブソンの紹介を終わりたいと思います。[17]（拍手）

ミシシッピ川にまつわる歌
～「オール・マン・リバー“Ol' Man River”」～

終

ポール・ロブソンの肖像切手
（2004年発行）

https://marumatestore.com/?pid=127158336

【参考資料】吉田真理子「第三章4節ポール・ロブソン―黒人舞台俳優としての軌跡」『アメリカ1920年代―ローリング・トウェンティーズの光と影』英米文化学会編（金星堂、2004）

⑯

[17] 吉田：この「オール・マン・リバー」のプログラム構成はワークショップ直前まで話し合ったよね。パワポは前日夜に作った。いやー、冒険だったね（笑）。最初は、音楽をダンスムーブメントで表現するというアクティビティを考えていた。『ハックルベリー・フィンの冒険』を一日のワークショップに入れるのは無理。その代わりに、ミシシッピ川にまつわる黒人の哀歌としてオール・マン・リバーを取り上げることに決まると、「ダンスムーブメント」のアクティビティはそぐわない。ならば、と曲を聴いて感想を共有し、曲の背景を解説するというシンプルなものになった。
武田：直前だったので、どのような説明をするのか聞いてなくて。当日聴いて、すばらしい説明をつくってくれたと思った。異文化理解として19世紀のアメリカの話をしているのに、アフリカン・アメリカンのことを避けては通れない。ただ、聞いている側としてはちょっと長かった。
吉田：説明で終わるのではなくて、最後にもう一度「曲を聴く」というのがあったほうが良かったかもね。

吉田が休憩を宣言し、15分ほどの休憩時間となる。

★ミシシッピ川の雄大さ、時代を越えた異文化理解★……………参加者の声

ミシシッピ川の雄大さと、その周りで繰り広げられてきたたくさんの物語の広がりを感じることができました。「トム・ソーヤ」の中で描かれている川を通し、物語が人種差別や交通の発達といった社会背景の中でうまれたものであることを学ぶことができました。また、この活動があったことで、ミシシッピ川へのイメージが膨らみ、のちのヒーロー伝説を想像するアクティビティにもスムーズに入れたと思います。

【グループ3／トモコ】

「オール・マン・リバー」を、目を閉じて聞くことで、川の壮大さやその風景への想像をすることができた。またそれぞれが感じたことを共有することで、ひとつの曲から多くのことを考えることができおもしろかった。この曲の時代背景やひとりの歌手から時代をたどることで時代を越えた異文化理解ができているように思った。自分自身が社会科の教師を目指していることもあり、もっと国の歴史や文化を知ることへの興味がわいたし、その必要性も感じた。

【グループ2／アヤカ】

「オール・マン・リバー」の位置付けが少しむずかしく、“川”と“ヒーロー”の間にある人物だったと思うのですが、少しつかみきれませんでした。[18]

【グループ4／キューピー】

[18] 吉田：午前中におこなったジグソー法の配布資料のなかに、アフリカン・アメリカンとトウェインとの関連性についての情報を入れておくと、午後の「オール・マン・リバー」のアクティビティとのつながりがもう少し参加者に見えやすいかも。
武田：ワークショップ後のリフレクションでもこのアクティビティと全体のつながりがわからないということがでていましたね。2013年の「ハックの冒険」ワークショップで資料をつくっているので、次の立命館のワークショップに向けて、それを活用してジグソー資料を手直ししましょう。（136ページ参照）

コラム3

『ハックルベリー・フィンの冒険』ワークショップ

武田富美子

2013年度異文化間教育学会第34回大会プレセミナー（2013年6月7日、日本大学文理学部）のプログラム「ドラマをとおして考えるハックリベリー・フィンの冒険」は、ケイロ（Cairo）に近づいた時のジムの興奮によって、奴隷の逃亡を助けている自分に気づくハックのジレンマを取り上げました。

『ハックルベリー・フィンの冒険』は、1840年代のミシシッピ川とその流域の町や村を舞台としています。私たちがワークショップで活用したシーンまでのあらすじは、次のようなものです。

行方不明だったハックの父親が戻ってくる。ハックは、アルコール依存で暴力をふるう父親から逃れて、カヌーで無人島（ジャクソン島）に身をひそめる。そこで奴隷のジムと出会う。ジムは、主人であるミス・ワトソンが自分を売り飛ばす話をしているのを偶然聞いて、逃げ出してきた。ハックはジムに食糧を分け、ジムはハックを大嵐から救い、しだいにふたりの信頼は深まっていく。

ミズーリ州セント・ピーターズバーグの町を飛び出し、流れてきた筏を宿として、ふたりは逃亡の旅に出る。ミシシッピ川を筏で下るジムは、ケイロをめざす。ケイロで蒸気船に乗りかえてオハイオ川を北上して奴隷の自由を保障する州（自由州）に向かうつもりだ。

自由州への入り口となるケイロが近づくにつれて、ジムの期待と興奮は高まる。これを逃せば、奴隷州（ミズーリ州）に逆戻りで、二度と自由になる機会はない。

ふたつのシーンを台本として用意しました。シーン1は、ハックとジムが筏の上でケイロの町の明かりを探しています。自由州で自由になる夢を語るジムによって、ハックは奴隷の逃亡を助け、法を犯している自分を自覚し、自分の良心と社会的なルールとの板挟みになります。やっかいにまきこまれないために誰かに密告しようと決意するまでを、ジムとハックの会話とハックの独白で表現しています。

シーン2は、シーン1に続き、「ケイロかどうか確かめてくる」とカヌーで川岸へ漕ぎ出したハックへ絶対の信頼を寄せるジムの言葉に、ハックの気もちが揺れ動きます。そこへ、逃亡奴隷にかけられた賞金目当てと思える男たちが登場し、銃を手にハックに迫ります。

ジョン　「おい、向こうに見えるのは何だ？」
ハック　「筏です」
パーカー　「おまえのか？」
ハック　「そうです」
パーカー　「だれか乗っているのか？」
ハック　「はい、ひとりだけ」
ジョン　「じつは、この岬の上のほうで、今晩5人の黒人が逃げたんだ」
パーカー　「筏のヤツは、白人か、黒人か？」

問い詰められたハックは、ジムを裏切るのか。参加者はふたつのシーンを演じたのち、ハックになって、この時のハックの〈心の声〉を発します。

その後、①『ハックルベリー・フィンの冒険』のスキットまでのあらすじ、②ケイロの地図と作品中でのケイロの重要性、③逃亡奴隷に関する法律、④奴隷制廃止運動と南北戦争、⑤作家マーク・トウェインと『ハックルベリー・フィンの冒険』の逃亡奴隷ジムのモデル　の5つの資料をジグソー法で共有しました。左記のあらすじもジグソー資料より引用しています。

情報を得たうえで、もう一度シーン2を演じ、「白人か、黒人か？」と問い詰められたときのハックの〈心の声〉を発します。どのように気持ちが動いたか。その理由は？ 背景知識のない一度目と二度目では、ハック役としての心の声に変化はあったのか。詳細は、『教育におけるドラマ技法の探求—「学びの体系化」にむけて』をご覧ください。

『ハックルベリー・フィンの冒険』をワークショップの題材に取り上げる案が浮上してから、どのシーンを取り上げるか、物語を読み込みました。ハックがジレンマに追い込まれるシーンは他にもあります。検討の末、この場面を取り上げることになったのは、「白人か、黒人か？」と銃をもった男たちに詰め寄られる危機に遭遇し、とっさに知恵を巡らせ勇気を奮い立たせることを余儀なくされることで、ハックに心の大きな転機が訪れるからです。筏の旅をとおして、人や社会と関わりながら少年

column

ハックが青年へと生まれ変わる過程を、ミシシッピ川を背景として作家マーク・トウェインは見事に描写しています。

一方でこの作品は、ニガーという差別用語が多用されていること、ジムの描き方が白人から見たステレオタイプであるという見方もあることなどから、現在のアメリカ合衆国では学校教育のテキストとして取り上げることには論争があります。作品の結末のつけ方には、当時の黒人をめぐる複雑な社会的・政治的状況下において、マーク・トウェインが苦慮した結果ではないかと思われる不自然さもあります。

ともあれ、ハックの立場になって「白人か、黒人か？」を問われた参加者は、実際にハックがどのように答えたかが気になります。授業でこのワークショップを体験したあと「『ハックルベリー・フィンの冒険』を読みました」と報告してくれる学生が毎回現れるのは、嬉しいことです。

【参考文献】

吉田真理子・武田富美子 「第５章２ドラマを通して考えるハックルベリー・フィンの冒険」『教育におけるドラマ技法の探求―「学びの体系化」にむけて』渡部淳＋獲得型教育研究会編（明石書店、2014 年）pp.179 ～ 212

6 ヒーロー伝説

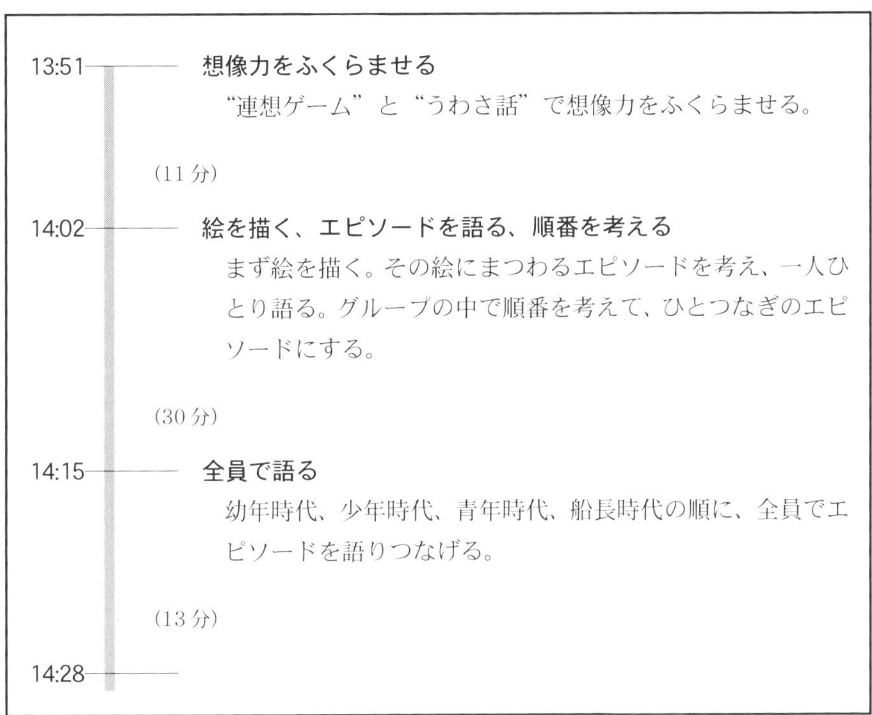

■ポイント■

今も語りつがれているキールボートの船長だったマイク・フィンクのほら話を、私たちも作ってみようという試みです。

絵を描くことから始まります。字ではなく絵を描こうとすることで浮かんでくるのは何でしょう。そこからエピソードをつむぐと何が生まれるでしょう。それをつなげることはできるのでしょうか。人の想像力と創造力の豊かさを実感できるアクティビティです。

後の立命館大学でのワークショップ(2018年6月)では、「マイクのほら話」と名称を変更しました。

●想像力をふくらませる

予定の時刻よりやや遅れて、武田が話し始める。みんなは半円形に座り、武田のほうを見ている。

武田：『トム・ソーヤの冒険』の作者マーク・トウェインにもゆかりの深いミシシッピ川にまつわる歌、ということで“Ol'Man River”をとりあげました。さて、今度は、ミシシッピ川のヒーローとして伝説になっている人物をもとに、みんなでヒーロー伝説の物語を作る、ということをやってみたいと思います。皆さんすごく想像力が豊かですね。異文化理解って相手に対しての想像力が無いとなかなかできないんじゃないかなと思うんですよね。ヒーロー伝説づくりでも思い切り想像力を膨らませてもらいたいと思ってます。さきほどの「川にまつわる歌」と言えば“君が代”なんて、「どこでつながってんねん！」(大爆笑！)。でも、そこまでつながっちゃうみたいな想像力、発想力もすごいですよね。大いに結構。そういう膨らませかたをしたいと思います。

　まずそのウォームアップとして、最初に連想ゲームをやろうかなと思うので、またさっきのグループに分かれていただいて。“バナナと言ったら黄色”みたいなね。“バナナと言ったら黄色”と１人目の人が言ったら２人目の人が“黄色と言えば…？”何やろ？“黄色と言えば蝶々”“蝶々と言えばトンボ”とかね、そういうふうに順番にグループの中で回っていく。だから、今みたいに止まったらあかんのですよ。例えば“川と言えば君が代”みたいなのが出てきたときに、「えー？」と思っても、そこで止めないで、“君が代と言えば○○”とつなげていくということで、できるだけ、どれだけ長くつながるかというのをグループの中でやってみたいなと思います。(グループの場所を大まかに示しながら）さきほどのグループ１、２、３、４で集まっていただいて、連想ゲームをそれぞれのグループの中でやってみたいと思います。

たちまち、にぎやかになる。どのグループも、ニコニコしながら手拍子でリズムをとっている。

例えばグループ２は、「強いと言ったらゴリラ」「ゴリラと言ったら頭がいい」「頭がいいと言ったら猿」「猿と言ったら…、待って、出てこない」としばし止まる。「猿と言ったらおしり」「おしりと言ったらパンツ」「パンツと言ったら下着」「下着と言ったら…、何だろう？　ふんどし？」「やばいやばい、下ネタになってきてる」と合いの手。「ふんどしと言ったらお相撲さん」「お相撲さんと言ったら太い」「太いと言ったら本」に対して「厚いじゃん！」とつっこみが入る。そこで「太いと言ったらパイプ」と、手でパイプの太さを示す。

「何が出てきても続けること」というファシリテーターから指示があったが、いろいろ合いの手が入り、途切れつつ、身振り手振りが出たり。どのグループもにぎやかに盛り上がっている。

連想ゲームで大笑い

武田、ストップをかける。

武田：「それなんやったの？」みたいなつっこみが起こったりしてましたね。さて、次、もう一つウォームアップをやりたいと思います。「うわさ話」。うわさ話って、何かどんどん膨らんでいくじゃないですか。グループの中でうわさ話をしていくみたいなことをやってみたいと思うんです。ちょっとマリコさん、やりましょか。（事前打ちあわせナシでいきなりふられる吉田はひそかに動揺…）太郎君についての噂話をやりたいと思います。（吉田に向かって）「太郎君がね、ご飯食べたんだって」

吉田：「そのご飯食べたところがね、川のそばだったらしいの」

武田：「その川がね、地獄につながってたって」

吉田：「実は太郎君がさ、地獄のえんま様だったってさ」

武田：「そうだったんだ」

吉田：「知らなかったよね。あんなかわいい顔してるけどさ、実はえんまなんだよ。怖いね、人間は……」

武田：みたいな感じでね。５人いるところは（とグループ４に近寄り）、最初は太郎君が日常的なことをするところから始まります。「太郎君がね、〇〇してたんだって」がひとり目です。（タダヒロを指し示す。他の４人を順に指しながら）ふたり目が付け加え、３人目が噂し、４人目が噂し、５人目が言ったらみんなが「えーっ、そうだったんだ！」で一つ終わりです。またひとり目の人が「太郎君がね」というごく日常の話をして、噂話を作っていく。ちょっとこれをグループの中でやってみたいと思います。噂話、妄想ゲームスタート！

▼グループ１は、次のように進んだ。

オカヤン：「実はね、太郎君が座ってたんだって」

カガリ：座ってた？

オカヤン：どこに座ってたとか、いつ座ってたとか、だんだん大きくなっていく感じ

カガリ：あ〜あ。「どこに座ってたの？」

オカヤン：質問するんじゃなくて、勝手に付け加えていく感じ

カガリ：そうなんだ

ケイコ：誰がやってもいいの？

オカヤン：初めに誰か言ったら、次の人が更に大きくして、大きくしていく感じ

ケイコ：「座ってたのがね、見た人によるとビルの端っこに座ってたんだって。むちゃ高いビルだったらしいよ」

カガリ：エーッ！ すごいね。じゃあ「そこは実はプリンスホテルにつながるビルだったんだって」（指をそろえた手を前に突き出し、「つながる」を強調）

ノリコ：「実は３日間ずっと座ってて、そこで寝てたんだって」

みんな：「えーっ、そうだったんだ！」

▼グループ２

アヤカ：「太郎君が今日、寝坊したらしいよ」

トシエ：「太郎君が寝坊して、本当は行かなきゃ行けなかったところはディズニーランドだったんだって」

メイ：「最近ディズニーランド行ってても２時間待ちだったらしいよ」

うわさ話でも時々大笑い

ミヅキ：「２時間待ち…でも実際ね、寝坊は計画通りだったんだよ」

メイ：２時間待ちで、もうちょっとだからちょうど…

ミヅキ：そうそう、全部知ってたの

メイ：意図的な寝坊だったんだね

（メイとミヅキのふたりで、話を解説している。「へえ〜そうだったんだ！」のセリフを忘れて）

ミヅキ：はい、つぎー

▼グループ３

アカリ：「太郎君、借金しちゃったらしいよ」

ケイスケ：「しかも原因がギャンブル」

スゥサン：「競馬やめられなくなったらしいよ」
ウッチー：「でもキタサンブラックの馬主株をほんのちょっとの割合持ってるらしいよ」
トモコ：え〜！ 難しい（と笑う。みんなも笑う）
アカリ：一番人気の
ウッチー：キタサンブラック知ってます？
トモコ：ニュースで…
スゥサン：もうキタサンブラック忘れて、借金で…
トモコ：「でもキタサンブラックが勝って、何とか借金返せたんだって」
みんな：「へえ〜そうだったんだ！」

▼グループ4
リカ：「太郎君、この頃花子さんと付き合ってるらしくって」
キューピー：「知ってる、この前もふたりで帰って、ずっと放課後いるらしいよ」
タダヒロ：「でも花子さんがほかの男の子と付き合ってるの、僕見たよ」
チハル：「えーっ、それヤマモトさんでしょ？」
トモ：「と思うでしょ、カワダさんなの」
（ここで全員爆笑！ だれかが「だれ？ それ」と言いなお笑う。）

ふうみんが来て「全員回りました？」と聞くのでリカが「全員回りました」と答える。「座って少し待っていてくださいね」と言われ、座る。「話がどんどん大きくなっていくね」などと感想を話していた。

連想ゲームの時のようなにぎやかさはなく、考えながら話しているので静かだが、時々グループの中で爆笑が起こる。

●絵を描く、エピソードを語る、順番を考える

各グループの「うわさ話」が一段落し、床に広げられた北アメリカ大陸の地図のまわりに、みんなが集まる。

武田：今は太郎君の話をしてもらいましたけど話は19世紀半ばのアメリカに飛びまして、今からマイク・フィンクの話を作ってもらおうと思います。このマイ

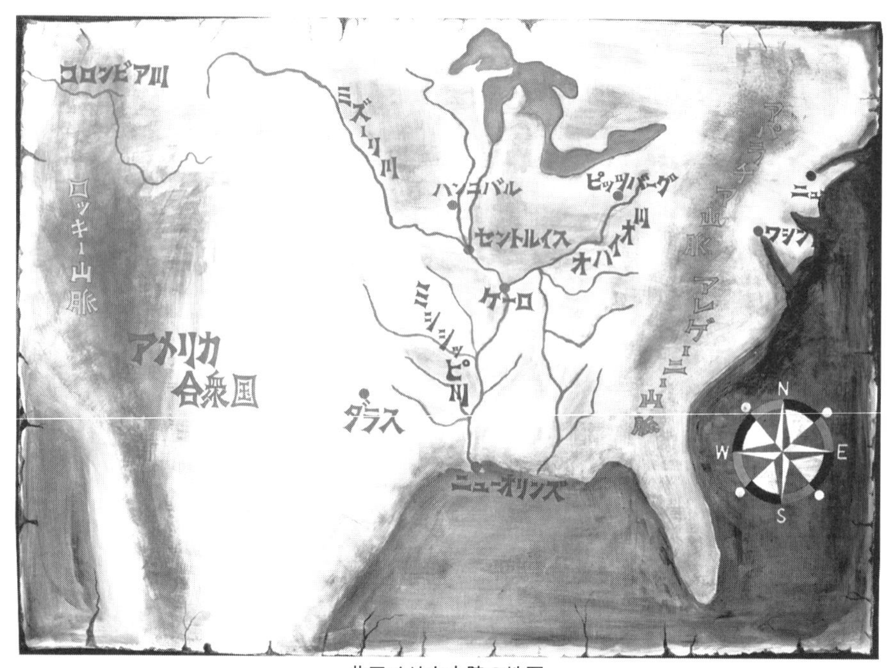

北アメリカ大陸の地図

ク・フィンクというのがミシシッピ川に伝わる伝説的なヒーローです。[19] さきほど紹介された『ショウ・ボート』に蒸気船が登場しましたね。蒸気船といえば、日本に深い関係があるのは？

スゥサン：ペリー

武田：おお、そうですよね。4隻の蒸気船を率いてペリーが来た、それは何年でしたか？（笑）1800…？

複数の声：53

武田：すごい！ そうですよね、1853年なんですよね。私は昨日調べたとこですけどね。その時代は、すごい蒸気船の時代だったんですよね、アメリカは。ミシシッピ川の荷運びを、その時代、1853年頃というのは蒸気船が盛んに担ってたんですよね。聡子さんの描いてくれた蒸気船の絵です（絵を床に置いて見せる）。

[19] 武田：タイトルを「ほら話」とするか「ヒーロー伝説」とするか、迷った。リフレクションでも「ヒーロー」という言葉が印象強く、「なぜこのキーワードで広げなかったのか」という質問がありました。
吉田：若い人はヒーローのほうがなじむのではと「ヒーロー伝説」にしてみたけれど。
武田：日本では、ヒーローというと桃太郎、一寸法師のように悪を成敗するイメージが強い気がするけど、マイク・フィンクは悪の成敗ではないから、「マイク・フィンクのほら話」のほうがやっぱりしっくりくるよね、ワークショップの意図としては。
吉田：「ほら話」にあたる英語はtall taleで、西部開拓時代の厳しい自然に向き合って現実を生きていかなければならない人々が自分の力を大きく見せる「ほら」を吹くことで困難を笑い飛ばし、明日を生きる活力としたのよね。

地図と船の絵を見る

蒸気船

キールボート

平底船

けれども実はその前身というのでしょうか、その前の時代にはキールボートというのがありました（キールボートの絵を見せ、床の上に置く）。この前にあったのが、平底船という底が平たい船なんですけれども。（平底船の絵を見せながら）これは筏にちょっと縁を付けたような。それに、たまには帆を付けたりしてですね、こういうのがあったんですね。これは筏みたいなものですから川を下るだけですよね、上れないんですよ。下って、そこの目的地まで行ったらこの平底船自体もばらして材木として売るというやり方だったんですね（何人かが「うん、うん」とうなずく）。

しかし、それはちょっと効率が悪い。できたら何かを乗せて帰ってきて、何回も使えたほうがいいですよね。それで考えられたのが、このキールボートなんです（再び、キールボートの絵を手に取って、みんなのほうに見せる）。船底を三角形にして、進みやすいようにしたんですよね。そうすると川をさかのぼるときに川の水を切って、上れる。

しかし風があれば帆が役に立ちますけれども、風があるときばかりじゃないですよね。それをどうするかというと人が漕ぐなり、あるいは縄を付けて岸から引っ張るなり、そういう事で、ものすごく力がいったんですよ。だからこれは西部開拓時代とも重なるんですけど、この時代、力持ちというのはすごいヒーローだったんですよね。このヒーローの伝説をみんなで作ってみようというのが次のアクティビティです。キールボートに乗る力持ちの船長さんです。

皆さんには紙芝居風にして語ってもらおうと思うんですよね。ひとり１枚ずつ絵を描いて、グループで一つのストーリーにするという事です。「え〜、絵描くの？」って思いますよね（みんな笑う）。期待してません。聡子さんと張り合おうなんて思わないでください。まる、ぺけ、さんかくの絵で十分ですので、自分が描ける範囲の絵で、描いてもらったらいいです。

ちょっとグループで分担しようと思います。グループ１どこでしたっけ？

グループ１は「マイク・フィンクの赤ちゃん時代」。生まれて、せいぜい３歳ぐらいまで。だから「生まれたときからすごいんですよ、マイクは」というのをひとり一つずつ考えて欲しいんですよね。

ヒョウガエル

そしてグループ２は「マイク・フィンクの少年時代」。少年時代ものすごかったんですよ。何がものすごかったのかね。

それからグループ３は、「キールボートの船長になるまで、青年時代」ですね。けど、まだ船長にはなっていない。だから「船長になったぞ！」みたいなところまで作ってもらったらいいかなと思いますね。

カミツキガメ

グループ４は、「船長になってから」。どんな活躍をしたのかという事で物語をつくってもらおうかなというふうに思っています。

武田：もう一つ、このミシシッピ川周辺についてよく物語とかに出てくる動物たちがいるんですよね。それを幾つか紹介しときたいと思うんだけど。別に皆さんがつくるお話にこの動物が出てこなくてもそれは全然かまいません。（絵を見せながら、動物の説明をしていく）これはヒョウガエルという…。さっきジグソーのときに、マーク・トウェインの「跳び蛙」の話、ありましたね？マーク・トウェインの作家としての出発点となるような作品ですね。

グリズリー

それからカミツキガメ、これは船乗りたちにとっては大敵だったんですね、怖い存在でした。

ワニ

オックス

それからグリズリー、灰色熊。ものすごい巨大で怖い、遭遇したくない熊なんですね。

吉田：絵はかわいく見えて親近感をもつけど。

武田：そして、ご存じワニですよね。これも大敵でした。さて、こちらは敵というよりも味方だったかもしれません、農耕にとても役に立ったオックス、農耕牛ですね。こういう動物たちも聡子さんに絵を描いてもらったので、参考になればという事で。別にこの動物たちにとらわれる必要はないんですけど。要するに力自慢の話をつくってほしいのですが、力自慢だけじゃなくて西部開拓時代だから、例えば銃がうまいとかね、ほかにも何かすごく…

吉田：ほら話、大きい話、英語でいうとトール・テール（Tall Tale)。自分を大きくみせる語り、今でも英語の表現に“stand tall”というのがあります。

武田：そうそう、話ふくらませてもらって全然いいので。さっきみたいな調子でね。まずは一人ひとり思い切り話をふくらませて、一つのエピソードをつくってください。それぞれひとり一つエピソードを考えてもらって、それをグループでシェアして一つのものにつなげてみるという事をやってみたいと思います。

今から画用紙とクレヨンを配りますので、まず相談しないで自分一人の妄想をふくらます時間を持ちたいと思います。グループで輪になってください。グループ同士は、お互い離れて坐ったほうが話しやすいですね。

グループに分かれて部屋の適当な位置に集まる。画用紙とクレヨンが配られる。各自、絵にとりかかる。

武田：まずは相談しないでそれぞれ、丸とか四角とか、とりあえず描いてみたら、何か…

スゥサン：相談しないというのは、グループでもしないという事？

武田：そうです。グループの中でも相談しないで、まず自分のなかで妄想をふくらませてみてください。

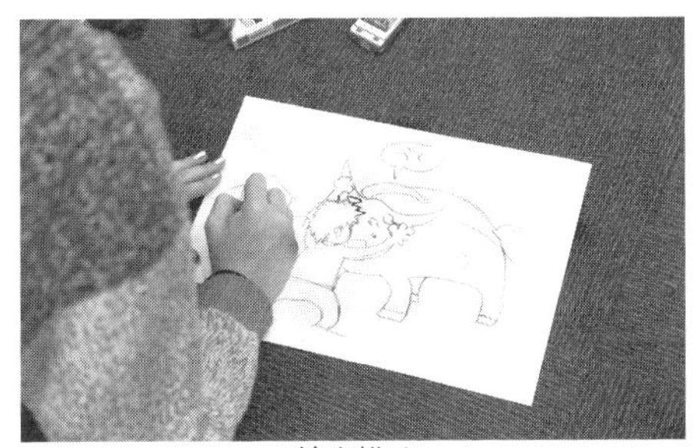
絵を描く

しばらくの間、静かに絵を描いている。数分後、その絵を見て、ひとり一つのエピソードを考えるように武田から指示される。さらに数分後、グループ内で考えたエピソードを話し合って、どの順にするか決めるように武田から伝えられる。

グループ２は、絵を描きながらも「描けない」とか他の人の絵をみて「すごい！」とか話している。アヤカが「やばい！」というので、武田が「いい、いい、とてもいい。とてもいいけど、ちょっと色が薄いんで後ろからちょっと見えにくいかなと。(線を) 太くしてもらったらいいから」とアドバイス。しばらく、各自が黙々と描いている。そのあと、絵を見せながら「オックスがめちゃめちゃにするんだよね」「大げさかな」「いいと思う」などと話しながらエピソードがつくられていく。全員の絵のイメージがつくられたところで、立ち上がって語りの練習を始める。練習しながら、絵を足したり、順番を入れ替えたりしている。

エピソードを語る

エピソードをつなげる

グループ３は、絵を見せながらそれぞれが考えたエピソードをまず語り、順番を考えている。２つのエピソードをまとめようかという案が出されるが「この絵、全部使うのですね？」「語り手も（誰かがやるのではなく）みんながやるんですね」の質問に吉田が「そうです、自分が描いた絵については自分が語り手になります」と答えるのを受けて、語る順に並び、練習を始める。

グループ４は、まずグループの中で「船長になってからのエピソードをひとり一つ考えること」を確認してから、黙々と描き始める。１分もたたないうちに、それぞれのエピソードを語り始める。他の人のエピソードを聴きながら、イメージをふくらませて語ったりしている。順番もすぐにきまり、何回も練習をしていた。

絵を描き始めてから、20 分ぐらい経過したのち、上演に移る。

半円に並ぶ

●全員で語る

グループ内で決めたエピソードの順にグループ１からグループ４までが、立って半円形に並ぶ。

武田：これでどうですか、お互い見えますかしら？ お互いの顔が見えますか？（みんな、位置を確認しながらうなづく）今から、皆さんがつくった、マイクの物語を皆さんで語っていただきたいと思います。順番に語っていきますので、最初の人、赤ちゃん時代と言ってもらえます？（ケイコ「はい」と答える。）ここも最初の人が少年時代、ここは最初の人が青年時代、ここは最初の人が船長になってから、みたいなのを言っていただいてつないでいくというふうにしたいと思います。最後終わったらみんなで拍手という事で、間で拍手は省略というか、無しでつなげていきたいと思います。「偉大なマイク・フィンクの伝説的な物語」の語りを皆でやってみたいと思います。スタート！

ケイコ：マイクは、赤ちゃんの時からものすごい大食いでした。お母さんのおっぱいでは全然足りなくて、毎日牛５千頭分のミルクを飲んでいました。でも声もすごいパワーだったので、あまり大きい声だったので空の雲から雨や雷が落ちてきて、それから山も崩れてしまうほどで。そして川の魚たちも、みんなびっくりしてピョンピョン跳び上がりました。山の向こうにマイクのおじいちゃん、おばあちゃんが住んでたんですけども、声がすごく大きいからちゃんとそこまで声が届いて、「マイクは元気で泣いてるね」というふうに

語りつなぐ

言っていました。

カガリ：マイクは岩を見ると割りたくなる性分にかられて、岩を割っているほど力持ちです。常に洋服は着ないで、寒さにも強いです。

オカヤン：そんなマイクですが、ただ力を見せるだけではなく動物たちと触れ合っています。グリズリーを乗り回すという腕白坊主ぶりを裸で行っています。

ノリコ：3歳ぐらいになると家が海の近くにあって、お母さんとお父さんとよく海のほうで遊んでいて、船を見るとワーワー騒いだりして、そこら辺の動物などと魚介類とかでよく遊んでました。

ミヅキ：少年時代です。マイクは、とても強い少年に育ちました。ある日のこと、家の近くにあるトウモロコシ畑で雄牛が暴れていたので、もっと被害が広がらない様に友達がマイクを呼びました。マイクが、そこで雄牛と格闘…じゃないけど角とかつかんで止めました。

メイ：元々マイクは、小さい頃から船を見るのも川を見るのも好きで、自分で筏を作って船長ごっこみたいなのをしてました。さっきの雄牛の被害を止めたところを見た友人達が「この調子だったら川にいるワニとかもやっつけられちゃうんじゃない」みたいな形で、ワニを捜索しに出かけました。

アヤカ：そしたらワニを見つけました（「これ2つワニで、ちょっと危ないなと思いつつも戦おうということで」と絵を指さす）。実はマイクは森のクマとかカメとかカエルとかは仲が良くて、そのヒトたちも一緒にワニと戦ってやっつけることができました。

トシエ：マイクは力持ちだったんですけれども勉強大好きで、学校の先生も好きだったので、ワニを使ってプレゼントをしようと決めました。ワニ皮のハンドバッグ、ワニ皮の聖書カバー、ワニの蒲焼きを先生にプレゼントしました。

ウッチー：マイクの青年時代です。大きくなって、船に元々興味を持っていたので船に乗っていろんな手伝いを、下働きを始めました。マイクの力はいろんなところで活躍したんですけれども、よく船の皆を困らせるようなワニが出てきたときには、大きな丸太で一撃でワニを仕留めるという力の強さでした。

スゥサン：やがてマイクは、丸太さえもいらない自分の力に気付きました。ワニが来ようが、カミツキガメが来ようが片手でストップし、空中に放り投げるという形で動物たちを退治することができるようになりました。

トモコ：ある日、仲間の船員がカミツキガメに足を噛まれてしまい動けなくなってしまいました。そのときにマイクは、仲間と、その仲間が運ぶはずだった荷物も一緒に背負って船に運ぶということで、仲間を助けることもしていました。

アカネ：その日の夜、嵐が来ました。船は座礁してしまいました。そんなときマイクはワニを踏んづけ、邪魔してくるカミツキガメやカエルを差し置いて船員たちを守るべく船を暗礁から引き離しました。

ケイスケ：そしてその座礁した勢いで当時の船長も落ちてしまったので、すごいパワーをつけたマイクは、その船長を間一髪船に連れ込んで救い出しました。そこで船長から「今日をもってお前が船長だ」といわれ、マイクは船長になりました。

チハル：船長時代のマイクです。マイクは、力も強かったけれども生まれたばかりの赤ちゃんのときの声は健在で、大変な大声の持ち主で。それと同時に、その声の勢いが風となって船を自分の思う様にコントロールできる様になりました。

リカ：マイクは、どんな悪天候でも船を出すことに決めました。あるハリケーンが来たときに、船の底に穴が開いてしまいましたが、自分の大きな手のひらを床に付けてずっと水が入るのを防いでいました。

トモ：船長になってからのマイクは一度も座礁しないばかりか、座礁した船は全部救いました。

キューピー：マイクは決して危険を顧みませんでした。座礁した船から、嵐のときに小さな男の子がミシシッピ川に流されてしまったときも、自ら嵐の中を飛び出して小さい命を救う、とても勇敢な人でした。

タダヒロ：このようにマイクは、数々の普通の人なら無理難題、やってのけないことを沢山やってのけました。赤ちゃんを救ったりだとか、害獣をやっつけたりとか、その結果マイクは沢山の従業員から慕われる船乗りになりました。

「おー！」などの感嘆の声とともに全員拍手。上演時間は、約８分だった。

武田：ありがとうございました。（拍手）皆さん足もとにそっと絵を置いていただいて、もう一度大きな拍手。（拍手）

そこへ座っていただいていいですか。

正直、こんなすごい話ができるとは思ってなくて。日本人って割と常識的というか、小さくまとめがちじゃないですか…。だからびっくりしました。[20]

[20] 武田：こんなにうまくいくとは、正直驚き。紙芝居のような絵をつかったストーリー・テリングというアイデアが先にあって、「絵から始めよう」ということでできたアクティビティなんだけど…。
吉田：人間には物語を紡ぎ出す遺伝子があるのかもね。
武田：ひとりではできない。聞き手、語り手が一緒に紡いでいくことで自分でも思ってもいなかったストーリーが生み出されていくんだろうね。
吉田：口承伝承ってそうやって語り継がれてきた、人類の文化なんだな、ということが実感できた。
武田：第三者としてマイク・フィンクを語るのではなく、本人が語る物語とするとどんなふうになるのかな。
吉田：その方法も面白そう。その場合は、ウォームアップが変わってくるかも。「うわさ話」のアクティビティはいらなくなってくるね。「うわさ話」は第三者が語るものだから。

実際こういう絵本があるんですけれども(と『*MIKE FINK—A Tall Tale Retold and Illustrated by Steven Kellogg*』を見せる)、マイク・フィンクはキールボートの船長としてすごくアメリカでは有名な英雄なんですよね。伝説が語り継がれています。実在の人物なんですね。実在の人物なんだけど、すごい話がふくらんでいく。

一つは、この人は本当に力持ちだったという事もあるんだけど、もう一つはこの時代、西部開拓時代というのは、うわさ話とかほら話を、焚火を囲んで酒をあおりながらすることがほとんど唯一といっていい娯楽だったんですよね。なので、そういうことを語る事でどんどん話がふくらんでいく、それを人々は楽しむという、そういう文化があったといえるでしょう。

このマイク・フィンクという人は、この地図で言いますとアレゲーニー山脈のこの辺りで生まれたというふうに言われてるんですよね。そこから西へ西へ開拓が広がっていくわけですけれども。一時はロッキー山脈の麓で育った、このロッキー山脈の麓で子ども時代にジャンプをして、編み目のようになった川を見て「自分はここで働くんだ、というふうに思った」みたいな話があるんですよ。どんだけジャンプするんや、という話ですけどね。

キールボートの船長になったあとも活躍する。ところが、先ほども話しましたように、例えばニューオリンズからセントルイスまで、キールボートを引き上げるのに9か月もかかったという話もあったりして、なかなかやはり大変なボートだったんですね。

なので蒸気船がでてくると、どんどん衰退していく。ということでキールボートの船長たちの話は昔話になっていきます。けれども平底船は、そういう意味ではコストパフォーマンスがいいというか、流しといて売ればいいので、結構残ったりするんですね。

その蒸気船も、一番最初に情報共有してもらったときにマーク・トウェインの話がありましたが、マーク・トウェインがパイロットになった頃は全盛期なんですけれども。1840年ぐらいに鉄道が敷かれて、蒸気船の時代はどんどん衰退していく。

という事で、どんどん輸送する道具は変わっていくんですよね。そういう歴史の中の１ページがこの時代であり、ミシシッピ川をめぐる当時の西部開拓のアメリカ。その物語を皆さんでつくっていただきました。

吉田：チャンスがあったらこの話を読んでもらえればと思うんですけど、皆さんの話、面白かったです！

武田：面白かった！

吉田：すみません、ファシリテーターふたりが楽しんじゃって。英語で読むマイク・フィンクとは一味ちがう。この参加者たちでなければ生まれてこない、そして紡ぎだせない協同作品、面白かった。

武田：時代背景とかマーク・トウェイン…今日はマーク・トウェインをキーワードに時代背景を共有してもらったので、(『トム・ソーヤとハックリベリー・フィン―マーク・トウェインのミシシッピ川』という本を示しながら）興味があればこういうものもちょっと置いときますので、また見てください。この皆さんが描いた絵は私たちがいただきたい…

吉田：記念に。

武田：いただきます。

吉田：本の中でも紹介したい。

武田：そうですね。

吉田：皆さんの絵、素敵だったから。素敵な物語をありがとうございました‼

全員で拍手をして、また10分の休憩に入った。

★一人の作品からみんなの作品へ★……………………………………参加者の声

一人ひとりが個人で考えたワンシーンが他の十数人の人たちのシーンとつながって、一つのストーリーになった時は、こんなにもうまくいくもんかと驚きました。絵を描いて表現したのもとても良かったです。わかりやすくて、たのしくて (すこしはずかしかった)。グループで話し合い、他のグループとつながりました。

【グループ２／ミヅキ】

語り終えて

絵が描けないので、表現できる「お話」に限界があったのが残念。絶体絶命と思ったが、奇跡的にそれを回避する方法がひらめき、さらに不思議なことにグループのストーリーの「オチ」のようなものになった。それぞれ別のストーリーを考えていたはずなのに、つながりができるのが面白いと思った。

【グループ２／トシエ】

絵が苦手だったので紙芝居を作るときいてかなりおじけづいてしまっていましたが、自由にストーリーをふくらませて良いとのことだったので気軽に取り組むことができました。自分のグループ内で一つの時代のストーリーを作り上げられたのにも十分すごいなと感じたのですが、18人でまとめてストーリーテリングをしたときにきれいに構想がまとめられ流れるような物語になったことに感動しました。共に一つのものを作って、それをまた原作と比べたり、知識を確かめ合ったりするのが重要だと思いました。

【グループ２／メイ】

普段、様々なことを考えたうえで行動・発言するので、即興で行動・発言する場ってほとんどなくて、新鮮だった。誰かに迷惑かけたり失礼だったり、失敗の可能性等々無意識に、自分を守り、他者との関わりをスムーズにいかせるために仮説を立てていることに気づいた。そういった仮説が全く立てられる時間が無い中で行ったことは、自分では普段は頭でポッと出て捨てているものが多かった。一番初めに思い浮かぶことは必ずしもベストでないことが多い。とにかく、こういう即興で行動することは日常生活で（普段のルーティン以外は）体験しないことなので面白かった。

全員で一つの物語づくりは、もっとメチャメチャでカオスな物語になるかと思った。参加者が大人で教養ある人が多かったからか、起承転結もあり、展開も工夫されてておもしろかった。色々な人がそれぞれ自分の自由に想像しているのに、まるくおさまる感じがすごかった。

【グループ３／アカネ】

うわさ話ゲームでは、自分の前の人が言ったことに対して、深く考えこむことなく一瞬で考え（ひらめいて）、話を広げていくということが難しいと感じた。実際のところ、聞かれたことを一瞬で考えて答えなければいけない場面は、出てくると思われるため、いいゲーム（練習）だなあとも思った。マイクのストーリーシェアのところでは、個人が思うマイクの行動をつなげ一つのストーリーに仕上げて、人の創造力の豊さを感じることができた。

【グループ３／ケイスケ】

お話作ること、絵で表現すること、それをひとりの作品からみなの作品へとつなげて全体を作っていくこと。どれも新鮮で面白かった。心が開放されていきました。誰の発表も、おおなるほど、そうかそうか、と我がことのように楽しめました。

【グループ２／ケイコ】

コラム 4

「船乗りの王」マイク・フィンク

武田富美子

マイク・フィンクは日本ではほとんど知られていませんが、アメリカではたいそう人気があるようで、様々な作者によって子ども向け絵本が出版されています。私たちが今回のワークショップで参考にしたのは、スチーブン・ケロッグの再話と挿絵によるMike Finkです。そこには、「赤ん坊の時に、暴れて屋根を突き破って飛び上がり、西方に広がる河川網とキールボートを目にし、キールボートの船乗りになることを決めた」とか、船長になってからは「蒸気船を持ち上げ、爆発させてしまう」だとか、実に現実離れしたマイク・フィンクが描かれています。実在の人物について、ここまで荒唐無稽を楽しむという文化は、日本にはあまりないように思います。

実際のマイク・フィンクはどのような人だったのか。『アメリカン・ヒーローの系譜』から、亀井俊介氏が描くマイク・フィンクを少し見てみましょう。

マイク・フィンクは、1770年から1780年ごろアレゲーニー山脈(アパラチア山脈の一部)からそう遠くない現在のペンシルベニア州ピッツバーグで生まれ、1823年にロッキー山脈で亡くなったといわれています。当時は、アパラチア山脈の東側はヨーロッパの一部と考えられ、西へ向かっての開拓が進められました。マイク・フィンクは、若くして力持ちで、17歳の時からペンシルヴェニア・レンジャーに参加したようです。

マイク・フィンクがキールボートの船乗りになったのは、1800年ごろ。当時、ミシシッピ川は西部開拓の起点となっていました。河川網を航行するキールボートはニュー・オリンズへの運輸の要であり、キールボートの船長は花形の職業だったのです。キールボートは川を下るだけの平底船とちがって、船底に竜骨(キール)をつけることで帆や櫂の助けを借りて、水面をきってさかのぼることができました。しかし、風のある時ばかりではありません。流れに逆らってさかのぼるために、時には川岸からロープで船を引っ張ったりもしました。

マイク・フィンクは、すばらしい体力に加え、ミシシッピ川の難所を乗りこなす誰にも負けないキールボートの操縦術を身につけていたと言われます。しかし実のところ、粗野で、乱暴な人だったようです。大酒のみで、ケンカ早く、時には残忍で、不道徳だったという証言もたくさん残っているのですが、当時はそれもまた船乗りの美徳と考えられていたようです。

彼はまた、ほら吹きとしても知られ、自分について、「半身は野生の馬、半身は目つき鋭いワニで、凶暴なかみつき亀（Snapping Turtle）」と称していたそうです。さらに「生まれてすぐウイスキーをくれと泣いた」とか、「森の中で腕をふりかざすと１エーカーの空き地ができた」などと、自分のタフさと力を大いに自慢しました。１エーカーとは、約4047平方メートル。一辺の長さが63m程度の正方形の面積になります。ほらを吹くことで聞き手を楽しませていた、ある意味当時のショー・マンであり、入植者たちにとっては親近感を覚える存在でもあったようです。マイク・フィンクのほら話は、人々の口伝えによってより大きくなっていったのでしょう。

ところで、京都には高瀬川という江戸時代につくられた運河があります。1787年（天保７年）に発行された『拾遺都名所図会（しゅういみやこめいしょずえ）』[注]巻之一平安城61ページには、高瀬川に浮かぶ舟に綱をつけ、３～４人の男たちがその綱を引いて川岸から上流へ舟を引き上げるようすが描かれています。

『拾遺都名所図会』は『都名所図会』の後編として発行された江戸時代の観光ガイドブックのようなもので、京都の名所を図と文で紹介したものです。収録された高瀬川の図には、舟を曳く男たちを橋から見ている人々も描かれています。当時の人たちは、今日でいうスポーツ観戦にも似た気持ちで、舟を曳く男たちの屈強な姿に賞賛を送っていたのではないでしょうか。

高瀬川における船乗りたちがそうであれば、雄大なミシシッピ川の流れに逆らってキールボートを引き上げる力自慢のマイク・フィンクが、開拓者たちの憧れを集めたであろうことは容易に想像することができます。

余談になりますが、亀井氏は、現代アメリカの大衆ヒーローについて、発達したマスメディアによって左右されるようになり、単なる「有名人（セレブリティ）」と化してきていると述べています。そういった有名人の「成金もしくはビジネスの成功者たち」のヒーローの例として、「ミシガンの農場から出て自動車王となったヘンリー・フォード」と並んで、マスコミをにぎわすトランプ氏を挙げ、「不動産王といわれたドナルド・

トランプなどは、その派手な言動が新聞雑誌をにぎわせ続けはしても、揶揄・憐憫の対象となっている面も大きい」と書いていました。そのトランプ氏が大統領になるなどとは、想像もしなかったでしょう。

【注】 国際日本文化研究センター
http://www.nichibun.ac.jp/meisyozue/kyotosyui/c-pg2.html

【参考文献】

亀井俊介『アメリカン・ヒーローの系譜』（研究社出版、1993 年）pp.86-98、pp.339 340

Kellogg, S. *Mike Fink_A Tall Tale Retold and Illustrated by Steven Kellogg.* New York: William Morrow and Compamy, 1992.

7 未来の冒険

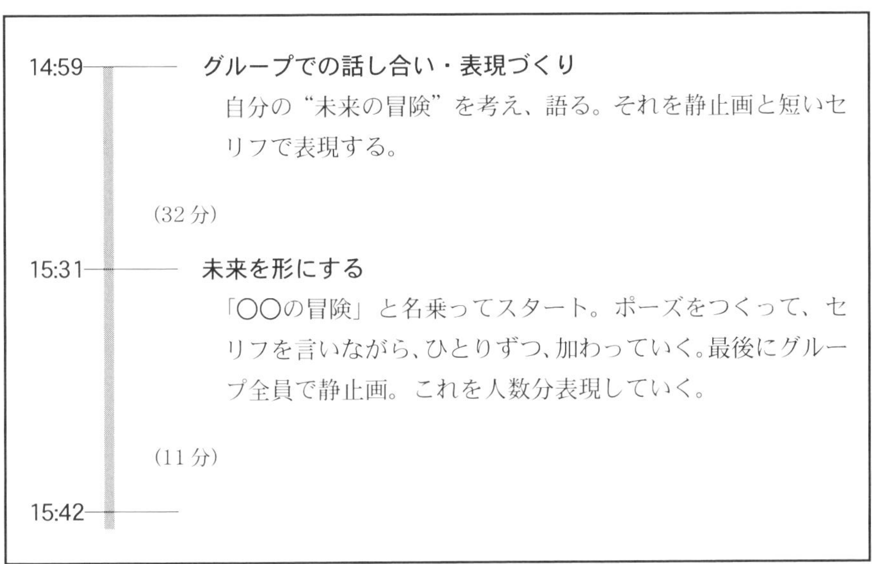

■ポイント■

本来なら「トムの冒険」「わたしの冒険」とセットになっています。一日のワークショップの終わりに、ひとりひとりにスポットが当たる「未来の冒険」をもってきました。

●グループでの話し合い・表現づくり

吉田を囲むようにみんなが座っている。

吉田：今日１日、朝からいろいろな冒険に関わってきたと思います。『トム・ソーヤの冒険』に始まり、皆さんの今までの冒険を振り返り、「わたしの冒険」として共有しました。午後はミシシッピ川にまつわる歌「オール・マン・リバー」

をとおしてアフリカン・アメリカンとしての「ポール・ロブソンの冒険」も見てきました。続いて、ミシシッピ川に伝わる「マイク・フィンクの冒険」を皆さんと想像して絵から物語をつくりました。マイク・フィンクも冒険家だったと思います。

ここまで様々な冒険をたどり体験してきて、最後のアクティビティになります。さて何でしょう、お題は？　想像つきますかね。今度は、皆さんの「未来の冒険」です。

過去を振り返って考えたのと同じように、未来にやってみたい冒険を考えてみてください。未来の冒険、各自２～３分まず考えてみてください。その後、グループの中で共有するところも午前中の「わたしの冒険」のアクティビティと同じです。また最後発表するのも同じです。それぞれの「未来の冒険」を発表していきます。

ただ午前中の場合は静止画でタッピングでしたけど、発表の方法を少し変えてみようかなと思います。同じ静止した状態ですけれども、タッピングをしません。各自一文か二文ラインを言ってポーズをつくり静止画になる。

それぞれが自分の「未来の冒険」の主人公です。なので、冒険の主人公は、その静止画の最初か最後に入って静止した絵を完成させる。最初に出てきて、例えば「俺はキールボートの船長になるぞ」と入ってきて、グループのほかの人たちは、ひとりずつその風景の中に、一文か二文ラインを言って、この風景の中に入ってきて、全員入って一枚の絵が完成します。あるいは、主人公が一番最後に入って絵を完成させるのでもいいです。そういう創り方にしてみようかなと思います。いいでしょうか？

武田：それぞれは、物になってもいいという事ですね？

吉田：物になってもいいし、人でもいいですし、創り方はグループにお任せます。

武田：要するに、ひとこと言いながら入っていくという感じなんですね？

吉田：そう。未来の冒険を広げてみたいと思うんです。いっぱい、ほら話的にやってきたじゃないですか。この最後のアクティビティで私が大事だと思うのは、たとえばいまここで「キールボートの船長になるぞ！」と宣言する。すると、それは単なるほら話ではなく、現実味を帯びてくるかもしれない。「未来の冒険」のアクティビティをやることで、それが実現に向かう一歩となるかもしれない。そういう期待はファシリテーターにはあります。大丈夫そうですか？

スゥサンから「現実とつながっていないといけない？　実現可能性ゼロでも？」[21]と質問があり、「お任せします。実現できないとは誰にも言えません」と吉田が応える。

吉田：ではグループに分かれて、まずひとりで2、3分考えて、その後グループで共有して、作る時間は15分ぐらいですかね。始めてください。さきほどのグループに戻ってくださいね。

（グループで話し始める）

> [21] 武田：実現可能性ゼロは冒険とはいえないよね。実現してもしなくてもいいのだったら、それは「夢」よね。
> 吉田：「夢」はみるもので、「冒険」はするもの、アクションをともなうよね。
> 武田：「冒険」は、行動の選択を迫られるわけだから、リスクもともなうよね。それだけに、失敗しても自分で乗りこえようとしていくものなんじゃないかな。

吉田：午前中も言ったと思いますが、冒険の定義は、ファシリテーターから与えられるものではなく、自身が「自分にとって冒険」と思うことが冒険です。

グループ2。ミヅキの「私はいろんな人に会いたいわけじゃないんだけど、もっと世界の事を知りたい。特にアジアが好きで、アジアのいろんな国に旅したい。例えばインドネシアとか、アジアじゃないんだけどペルーとか」にアヤカが「私も」と応じる。

ミヅキ：行きたいよね？

アヤカ：知らないとこ行きたいんだよね。

ミヅキ：そうそう。人ができるだけ、観光客とかいないとこ。現地の人たちが…

アヤカ：私、今度チベット行くの。

ミヅキ：チベットとかインドとか、気が合うかもしれない。

アヤカ：ねぇ。気になるんだわ、すごく。

と、意気投合。[22]

> [22] 武田：アヤカとミヅキは互いに同じような関心の人を見つけることができた。たまたま同じグループになったからだけれど、こういう出会いがあるのはファシリテーターとしても嬉しい。
> [23] 武田：カガリの現実離れしたホワンとした雰囲気にオカヤンが共鳴している。オカヤンの意外な一面を見た思い。

グループ1。カガリの「ドラえもんになりたい」にオカヤンも「ドラえもんほしい」。[23]「何か未来っぽいものがいいな」とカガリの発想に影響を受け、「タイムマシン」が出てくる。

グループ3。アカネの「発展途上国へ行きたい」という話に

ウッチー：自由に見て見たいとか、ツアーとかそういうことじゃなくて。

アカネ：ドキュメンタリーとかメディアを通さない現実問題の貧困だったりとか、そういうのも自分の目でねじ曲げないで見たいなというのがあるから。ただそういうのに耐えきれる自信はないけど、できるならそういうとこ行きたい。[24]

ウッチー：冒険だね。

> [24] 吉田：冒険というテーマだからこそ、思いきって発言できたのかも。

スゥサン：世界で一番貧しい国って検索して、その国に行っちゃった人の話を知ってますけど。
アカネ：本当ですか、どこですか？
スゥサン：その当時は、パソコンが答えたのはバングラデシュ。今だったら多分どこかアフリカの国が出るんじゃないかと…

誰かの冒険をグループのみんなで受けとめあっている。

グループの話し合いが５、６分経過したところで、吉田から「シェアが終わったら、動いて静止画を作る活動に移ってみてください」と声がかかる。

語り終えたところから、それぞれの「未来の冒険」を形にし始める。

グループ４は、１人目から５人目までを何回も繰り返すうちに、形が決まっていく。

例えば、キューピーの「未来の冒険」は――

キューピー：ああ、どうしようかな。第１バイオリンはここにいます。指揮者がひとり。
トモ：第１バイオリン、ここらへんはどうですか
キューピー：ここ行きますか？
リカ：ソリストでしょ？
キューピー：うん。
トモ：こっち向いてね
キューピー：だから、こうか。
リカ：チェロだよね
トモ：それで「メンデルスゾーン」（笑う）
タダヒロ：チェロ、それ以外は
チハル：ビオラもある。いろんな楽器がある

（それぞれが意見を出し合いながら、役と位置を決めている。）

キューピー：じゃあ、どうしよう。さっきみたいに楽器の名前にするか、それとも台詞がいいかな
トモ：みんなで「メンデルスゾーン」と言うのはどう？
キューピー：「のバイオリンソナタを弾いてみたい」にしますね。
キューピー：こっちでこうやって、「のバイオリンソナタをひいてみたい」やね。じゃ、これでいきましょう。

（と位置を確認。）

２回めの練習では動きとセリフの確認。

トモ：こっちは、それぞれの場所に行って、主人公が最後に来る。

キューピー：セリフ無しやね。最後にいって「メンデルスゾーン」。

３回めの練習。

「メンデルスゾーン」の声が合わないので出だしを確認。

キューピー：この合図が難しいですね。

口々に：指揮だよね。

キューピーの「さーん、ハイ」を合図にメンバーそれぞれが楽器を弾くポーズを決める。トモが指揮者として指揮棒を振るのを合図に

全員：メンデルスゾーン

キューピー：「のバイオリンソナタを弾いてみたい」

トモ：いいんちゃう

タダヒロ：いい

他の人のシーンに移る。

●未来を形にする

吉田に促されて、舞台に指定された壁側にグループ３が、それ以外の人は観客として舞台が見えるように座っている。グループ３の演技が始まる。

▼グループ３

スゥサン：ジミ・ヘンドリックスの銅像です（ギターを弾くかっこうで立っている）

アカネ：私、この像を見に中国から来たの（と像の前に立つ）

ウッチー：いつも、ここは世界中のファンが集まって人気の場所だな（銅像を右手で指して説明するようなポーズ）

トモコ：はい、写真撮ってあげるよ（カメラを構える）

ケイスケ：シアトルのジミ・ヘンドリックスの前でパシャリ！（スゥサンの前でトモコに向かって両手でピースをつくりポーズ）

（全員の拍手）

以下、グループ３のそれぞれの「未来の冒険」をセリフで。

トモコ：トモコの未来の冒険です。
スゥサン：鍾乳洞の中を流れる滝です。
ウッチー：パタパタパタ、コウモリもいます。
ケイスケ：あ～綺麗だね。
アカネ：暗くて怖いけど楽しみ～。
トモコ：やっぱり日本の三大鍾乳洞、来て良かったな。すごく神秘的。

アカネ：アカネの冒険です。
トモコ：お願いします、これ買ってください。
ウッチー：お金を恵んでください。
ケイスケ：蛇遣いです。
スゥサン：辺りに漂うスパイスの薫りです。
アカネ：怖いけど、メディアにゆがめられずに自分の目でスラム街を見て見たいです。

アカネの冒険「自分の目で見たい」

スゥサン：インドです。
先ほどのアカネの話が、このような表現になった。
ここで吉田から「皆さん、最後フリーズしない？ 静止画でしょ[25]」

ウッチー：ウッチーの未来の冒険です。大学院に行って、卒業して、立派な英語の中学校の先生になるぞ！
ケイスケ：先生、先生の英語すごく面白いです。英語好きになっちゃった。
トモコ：先生、先生の授業を受けてもっと海外に行って勉強してみたいなと思いました。
スゥサン：勉強するお前を誇りに思うよ。
アカネ：ママ、勉強頑張って。ママじゃなかった…？
吉田：本当にママなのよね？ パパなの？
ウッチー：（スゥサンを指して）旦那で、（アカネを指して）子ども。

[25] 吉田：こうは言ったものの、結果的に、発表はグループにより様々な表現の方法が用いられていたので、未来の冒険については、あまり発表の表現方法を限定せず、グループの自主性にゆだねた発表にするほうが伸びやかな未来を描けるような気がした。
武田：今回のワークショップは、朝から同じグループで、グループ内の関係性が築かれてきているから、よけいにグループに任せるほうがいいかもしれないね。でも、静止画をふくめ、いくつかの発表形態を例示することも、参加者によっては親切かもしれない。

アカネ：ほんとは「お母さん」と言ってて、私が個人的にママと…（笑）

吉田：スゥサンの未来の冒険？
スゥサン：はい、私の未来の冒険です。
アカネ：北海道にしては今日は雪が30センチしか積もってないな。でも、寒いなぁ。
ケイスケ：大阪にまた来てや、おおきに。
ウッチー：宮崎の焼酎、いつでも待ってるよ。
トモコ：沖縄はいつでも暖かいから、また来てね。
スゥサン：（メンバーのあいだをうろうろとしたあと静止して）全国を旅する旅芸人です。

それぞれの冒険が披露されるたびに、拍手が送られた。
他のグループのそれぞれの冒険は次の内容だった。

▼グループ１
ノリコ「海外で英語を子どもに教えたい」
ケイコ「オックスフォードに留学、子どもの本を紹介したい」
オカヤン「タイムマシンに乗りたい」
カガリ「ハワイに行きたい」
▼グループ２
トシエ「小説を書く」
メイ「ラジオ番組をつくる」
ミヅキ「旅人でいたい」
アヤカ「いろんな人に出会いたい」
▼グループ４
リカ「いろんな国の布が見たい」
キューピー「メンデルスゾーンのバイオリンソナタを弾いてみたい」
トモ「考える教室をつくりたい」
チハル「個人メドレーを泳げるようになりたい」
タダヒロ「化学での新しい発見」

キューピーの「メンデルスゾーンのバイオリンソナタを弾いてみたい」を再現してみる。
リカが上手でビオラを引いている。軽く膝を曲げ、座っている様子。
タダヒロはその左でクラリネットか何か、笛を吹いている。

タダヒロの冒険「化学での新しい発見」

チハルはバイオリンかビオラを弾いているふう。

キューピーはこの３人より二歩手前に出てバイオリンをひいている

トモが観客に背をむけメンバーの前に立ち、指揮棒を振るように両手を上げたのを合図に

全員：メンデルスゾーン

キューピー：のバイオリンソナタを弾いてみたい

ひとことのセリフを同時に言うという演出だった。

何度も動きながら練習をした成果なのだろう。このグループは他にも、同じ言葉を違う人が繰り返す、セリフなしで動作で示す、声を重ねて言うなど工夫がみられ、最後はぴたっと止まる静止画をつくっていた。

例えばタダヒロの場合。タダヒロが真ん中に立ち、ふたりずつ分かれて両サイドに向き合って立っている。

タダヒロ：この２つの液を混ぜたらどうなるんだろう

すると両サイドから真ん中へ移動し、両腕を肩の高さにまっすぐに伸ばし右手を一か所に集め左腕を四方に伸ばす。セリフはない。

タダヒロ：新しい結合ができた、新発見だ！　いい研究できる様になりたいです。

観客からは「ほお！」などの声とともに拍手がおこった。

吉田：皆さん一人ひとりの「未来の冒険」が現実のものとなりますようにお祈りしています。[26] もうすぐそこという人はいっぱいいると思います。

武田：「未来の事を、人前で表現すると叶う」というジンクスがあるんですよね。是非叶うといいですね。

吉田：皆さんの「未来の冒険」、かなったときは呼んでください。応援してま〜す！

[26] 武田：「どこでもドアでハワイに行く」っていう内容は、冒険として想定していなかった。
マイク・フィンクで話が広がりすぎたのかな。「オール・マン・リバー」と「マイク・フィンク」のプログラムの順序を入れ替えたらどうだろうか。
吉田：そうすると参加者が「未来の冒険」を重く考えてしまう気がする。明るい気分で、“tall tale”のノリで未来を想像したい。「どこでもドア」いいじゃない。そういうのもあってこその未来！次もこの順番で行こう。

★メンバーの協力で自分の未来と向き合う★……参加者の声

「私の冒険」や「未来の冒険」では、静止画という方法で寸劇をとりおこなうことになりましたが、道具や準備時間が無い中で、どうしたらよいものになるか、想像したことをたくさんの人の意見を聴きながら形にしていくプロセスがとても楽しかったです。

【グループ4／タダヒロ】

未来の冒険で、自分の将来などを考えさせられました。よく将来何をしたいか、どんな人間になりたいかという質問は聞かされますが、どんな冒険をしたいかというのは初めてで、その分、自分は何を求めているのだろうかと考えさせられました。

また表現の仕方も「私の冒険」と違い、タッチして解説するタイプではなかったので、誰が先に出るかなど、また違った工夫ができておもしろかったです。

【グループ1／オカヤン】

未来の冒険もとても良かったです。私は今大学3年生でこれからどうしようかな、というときに、他のいろんな人の「夢」をきいて、自分の夢へのさらなる希望を感じました。静止画なので、見ている人には伝わりにくかったと思いますが、私はかなり本気の夢を表現しました。一つ驚いたのが、同じグループに、似たような夢をもっている人がいたことです。彼女も私と同じで「世界」に、しかも定番のヨーロッパではなく、アジアの国に興味をもっていました。彼女みたいな人との出会いはとても貴重なのでこれからもlineなどでやりとりしていきたいと思います。

【グループ2／ミヅキ】

未来に起こり得ること、あるいは望んでいることを体現するというのは、少々テレがあるように感じましたが、グループのメンバーに協力してもらって一つの形につくり上げられる「未来」を見ていくのは壮観でした。また、「冒険」というワードを使っているのも印象的で、トム・ソーヤの物語に深く入ることは今回はありませんでしたが、トムのような少年心を持って、学習の中で自分や自分の身の回りの人やものについて考えるというのも面白いと感じました。

【グループ2／メイ】

自分自身、未来のことについて考えることがあまり好きではなく、更にそれを人に教えるなんて嫌だ！！と思っていたが、考えてみると本当にしたいことはなになのか、など自分と向き合うことができ、それを人に発信することによって「よっしゃっ」てやるぞという気持ちが高まると感じた。また他の人の未来でやりたいことも聞けるため、いろいろな価値観、考え方を共有できる良いワークだったと感じた。

【グループ3／ケイスケ】

人前で自分の将来について語る時間は中々普段持てないので新しい経験になりました。始めは恥ずかしくて実現できるか分からない夢を語るのに少し抵抗がありましたが、人生の目標を立てることで冒険の指針が定まり、チャレンジしよう！頑張ろうと思えて、モチベーションがアップしました。

【グループ1／カガリ】

今日一日の活動が自分の未来につながる爽快感！ ふつうの時だったら、人前でこんな大風呂敷、広げないと思います。でも、表現してみて、なんだってできるさ！と気持ちが大きくなりました。

【グループ1／ケイコ】

これからの自分とどう向き合って生きていくのか問う風に「冒険」ということばをとらえ、よーく考えてみようと思いました。このままでいいのか、その先に進むのか。考えているうちに不思議と“重くない思い”がわいてきました。自分がしたいこと、それを素直に語る。このことがドラマの醍醐味なのだと、今回も感じました。

【グループ4／トモ】

今回のワークショップは、トム・ソーヤをコンセプトに、川や冒険などいろいろな切り口から参加者のストーリーを聞くことができました。未来の冒険では、今日始めて会った人の夢や野望、近い将来について聞くことができ、とても楽しかったです。

【グループ4／リカ】

8 リフレクション俳句

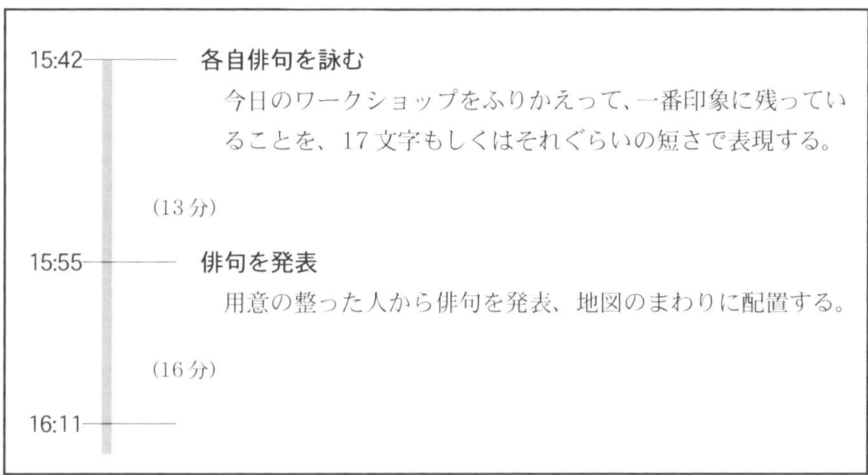

■ポイント■

厳密な意味での俳句ではなく、今日一日のワークショップ体験から感じたことのエッセンスを俳句程度の短さで表現してもらいました。

●各自俳句を詠む

参加者みんなが武田を見ている。

武田：予定より、ずいぶんさくさくと進んでおりますね。もうちょっとこのまま休憩取らずにいきたいと思いますけど、よろしいでしょうか？　最後は、リフレクション俳句です。今日（壁に貼られたホワイトボードシートにかかれたものを指しながら）ウォームアップに始まって、６つのアクティビティをやってきましたけれども、これを振り返ってみようと思います。

皆さん、疲れてます？　大丈夫ですか？　結構、詰め詰めのプログラムで疲れてるんじゃないかなとか思ったんだけど、以外と、皆さんの顔を見てると、元気そうですよね。

俳句といいますと五七五ですよね。ひとりでこれはゆっくり考えてもらいたい、今日の経験を俳句にしたらどうなるか。ただし、季語はいりませんので、五七五で表現してもらったらと思います。でも無理矢理五七五にする必要はなくて、要するに「そのぐらい短ければいい」ぐらいの感覚で考えてもらえたらいいかなと思います。

今日は一日色々想像を膨らましてきましたので、鍛えられた想像力を発揮して書いてもらったらいいんじゃないかなと思います。なので、全くほかの人と相談する必要もなく、自分自身でちょっとゆっくり今日の出来事を振り返ってみて、五七五、もしくはそれぐらいの短さの自由詩といいますか、にまとめられたらと思います。

各グループに分かれて、丸く座っているところに俳句を書く短冊を配る。短冊はB4サイズを縦半分に切ったようなものだ。クリーム色をしている。それぞれ黙って考え、思いついた人から絵を描いたときに使ったクレヨンで書き始める。隣の書いているものをみて、「いい！　字がいい！」など少し話したりもしている。

●俳句を発表

頃合いを見はからって、武田が地図の周りに集まるように声をかける。[27]

武田：今日、何て言うか「(突然歌いだす) ♪ああ～川の流れの様に♪」という歌も出ましたけれども。人生も川の流れのようであり、このワークショップもまた川の流れのようであり、ミシシッピ川が一つのテーマであったということで、非常に川に関係の深いワークショップをやってきたわけですけれども。

皆さんがリフレクションで詠んだ俳句を一人ひとり発表していただきたい。今、地図がここにあります（と聡子さんが書いた地図を広げる)。上流、下流という関係、あるいは東部、西部という関係もあるのですが、それは何も関係ないかもしれない。インスピレーションの湧いたところに、俳句を置いて

[27] 武田：地図だけを広げて説明をしてしまったけれど、聡子さんが描いてくれたミシシッピに住む動物や船の絵も一緒にならべたら良かった。そこに参加者一人ひとりの短冊をおいてもらうことで、一日のワークショップに関わったみんなで一つの作品を創りあげたかったのよね。

いただくという形で進めたい。ここにいる皆さんの俳句が、(地図を指しながら) この周辺…、あるいはこの中もあるかもしれないんですけれども、周辺とこの地図の中のどこかに、最後には全部置かれるという形をつくっていきたいなと思います。

ここで、はたと私「考えてなかったな」と思ったんですけど、発表して置いてく順番をどうするかね。

吉田：順番は、もうそれぞれ自由に。

武田：自分のタイミングね。自分のタイミングで出てきてもらって、読み上げてもらって。出てきてもらってというか、立ってもらって

吉田：読んでもらう。

武田：立ち上がって、せっかくだから"ぶつぶつ"と読むというよりも、みんなに伝えたいという思いを込めて発表してもらって、そのあとどこかに置いてもらって、また元のところへ座ってもらう。また次の人が立って、みたいな感じで進めていきたいなと思います。どなたからでも…

(オカヤンが「じゃ、いきます」と言いながら立ち上がる。)

最初に立ち上がったオカヤン

オカヤン：これ (地図を指す) 出されると分かってなかったんで、どこに入れるのかなというのがあるんですけど、いいですか？

武田：いいです。

オカヤン：「ジグソー法　思ったよりも　ムズかしい」。一番初めにこれだったんで、なかなかいいパンチもらいました。どこに置こかな？(とアメリカ地図の上、真ん中あたりに置く。)

リカ：「ふみ出した　もうその一歩が　大冒険」。じゃあ、上流のほうに。

ウッチー

ウッチー：「アドベンチャー　人生一度きり　チャレンジャー」。最後に皆さんの夢の冒険のところを聞いて、先生に背中を押してもらって。一度きりの人生でみんなチャレンジャーになるんだなと思って、頑張ろう私もと思

いました。この辺りに置かせてください。

トシエ：「**夢も　冒険も　ひとりじゃかなわない**」。静止画を作ったときに、ひとりじゃなくていろんな人が絡んだので、そういうふうに思いました。

アヤカ：「**冒険で　自分の夢を　叶えたい**」。みんなと話してて、夢を持ってる人はいいなと思いました。

カガリ：冒険つながりで、「**アクティブに　みんなでつくる　冒険談**」。アクティブにつくりたいです。

アカネ：「**感じたよ　色とりどりの　創造性**」。何かいろんな人の体の表現とか、年齢・肩書き問わずいろんな人と交じった事で、自分では考えられない表現だったりとか想像力を学びました。

ケイスケ：「**広がるさ　自分自身の　可能性**」。いっぱいいろんな人の未来の冒険を話したりして…。自分じゃできない考え方とかというのが、人それぞれあると思うんで。それもまた一つ自分の可能性を広げる事につながったんじゃないかなと思いました。

ケイコ：冒険つながりです。「**飛び込んで　やってみちゃえば　夢ゆうゆう**」。ワークショップひとつにしても「えーっ！ 聞くだけじゃなくて、参加するの？ 怖いな」とすごく思っちゃうんですけども。すごく楽しくて、川の流れの意味も今日はすごく感じられたし、人生も全部そうだなと思いました。上流に置きます。

トモ：「**ヒーローも　みんなも私も　おもしろい**」

スゥサン：面白いつながりで。「**五人組　それぞれみんな　おもしろい**」。いっぱいいろんな事やったんで、全部印象がばらばらで。トータルして考えたらこの５人（グループを指して）の顔しか浮かばなかったんで。面白かったです。

チハル

チハル：「**冒険バナ　動き回った　若者と**」。普段、大学生のような年齢の方とあまりお付き合いすることがないので、まずその新鮮さをすごく感じて。ここコンクリート冷たいって思ったんですけど、そういう自分の年齢差も感じながらも一緒にワークショップやって、本当に今日こんなに楽しい気持ちになれるとは思いませんでした。目が覚めたような気がします。

ミヅキ：べたべたなんですけど、「**ためになった**

出会いがいっぱい　ワークショップ」初めてのワークショップだったので、こんなに楽しいと思わなくて。良かったです。

タダヒロ：「**想像を　形にしてみる　楽しいな**」。色々な事をまず最初に連想するところみたいなとこから始まって、最後に劇であったり、紙芝居であったり。表現するという場所の中で、このチームの中で、「もっとこうしたらいいんじゃないか」とか、「分かりやすくていいもの作っていけるんじゃないの」とかいう意見交換があって。その中で、よりいいものを作っていくという過程がすごく楽しかったです。

キューピー：「**ミシシッピ　へだてるものを　こえてゆけ**」。ミシシッピ川を境にして文化とかが違ったという話とか、あと冒険談の中に壁を越えたりとか、国境を越えるみたいな話もあったので、私の中では今日は川というのはつながる物というよりも、何か隔てている物。冒険というのは、自分の中とか、そういう隔てている物を超えていく事なのかなという印象が強く残りました。

メイ：すいません、下手くそで。「**伝え合い　知識流るる　大海原へ**」。意見交換だったりとか、からだで自分の体験を表現するという事で、見てる人や一緒にやってる人に自分の体験や知識を伝えて、それが収束して、集まって、また新しい自分の未来に、経験の糧になるかなと思って、こういうふうに書きました。

ノリコ：「**みんなで　うたおうよ　かわのうた**」。川がメイントピックとして、いろんなプログラムができてすごいなと思いました。

トモコ：「**人々の　営み見守る　雄大な川**」。オール・マン・リバーの話がすごく印象に残っていて、ミシシッピ川の周りでいろんな物語がそこで生まれて、川はずっとその物語を見守ってきたというのがすごく感じたので、いい学びでした。

これでワークショップの参加者は全員俳句を発表し終えたが、会場で絵の修正をしたりしながらワークショップをみまもっていた聡子さんが立ち上がった。

聡子：二つつくったんですけれど、「**笑い合う　ふれあい作る　冬日和**」。ここの雰囲気を思いました。「**これからを　導く様な　出会いかな**」。いろんな意味で、今後の私の生活にも使っていきたいようなドラマの世界を感じました。

途中から見学に来ていたシシャモも

シシャモ：皆さんの様子を"ヒーロー伝説"の途中から見学させていただきました。そこで感じたものです。「**あつまれば　つながる ひろがる　絵と冒険**」。「ヒー

みんな輪になって

ロー伝説」も「未来の冒険」も、最初は個人からだったと思うんです。絵もひとりで、未来の冒険も「私ひとり」から始まったと思うんですけど。皆さんの話されてる中で、どんどんつながって、どんどん話が広がって。その人の冒険なのにほかの人が意見を言って、「こうがいいんじゃないか」「あーがいいんじゃないか」という、そういうところの面白さを感じました。

武田：ちょっと紹介しときますと、シシャモは小学校の先生です。

（と、自己紹介をしてもらう機会がなかったシシャモについて紹介する。）

武田：これで全員終わりましたね。私たちも何か一言、言わんといかんかな？[28]

吉田：そうですね。私たちにとってもこのワークショップをつくることが、すごい冒険だったと思います。「あーだ、こーだ」いっぱいふうみんと話し合いました。でもその話し合いで私自身も成長したし、すごく豊かになったと思う。

実は夏に、このミシシッピに行ってきたんです。やっぱり行かなきゃこのワークショップつくれないだろう！というわけで。大変なバスの旅でした。レンタカーでなくて、バス移動で……。私も運転怖いし。ふたりで「どうする？」みたいなドラマのあるバスの旅。いろんな事がありました。

武田：バス怖かったよね！ マーク・トウェインの故郷ハンニバルなんか“どこに町があるの？”みたいなハイウェイの途中の停留所に着くんですよ、バスがね。

[28] 武田：私たちファシリテーターも、ワークショップを構成するメンバーとして、俳句を詠んだら良かったね。
吉田：撮影に協力してくれた平井さん、尾崎さんにも参加してもらったら、みんなで創り上げた協働ワークショップ作品になって素敵だったかも。

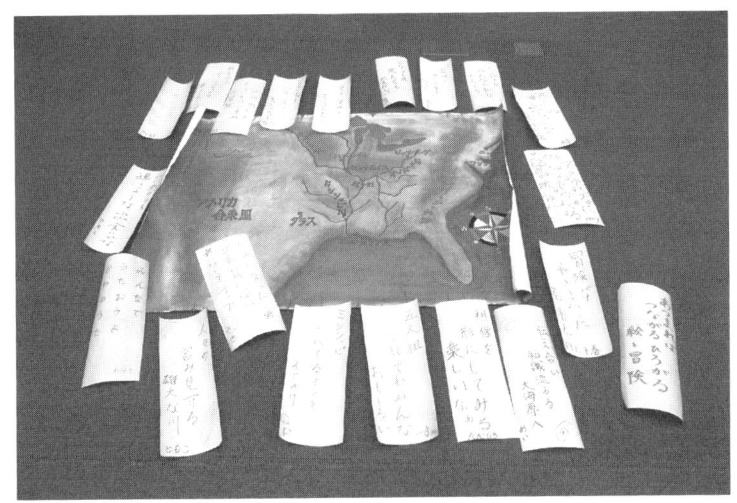

全員の短冊が並ぶ

どうしたらいいの？って。

吉田：「全然マーク・トウェインの故郷に到着してないのに、私たちはここで下ろされるの!? ちょっと待って、ドライバー、何とかしてくれ～」って、そういう旅だったんですけど。本当に、ワークショップつくる側もミシシッピの旅をふくめて冒険だったんです。

けれど、今日こうやってこんなに豊かな時間がもてるとは…。本当に参加者の皆さんにも、この絵を描いてくださった宮﨑聡子さんにも、そして今回映像で協力してくださった平井誠さん、尾崎邦夫さんにも本当に感謝したいと思います。すごくいい時間になってうれしいです、ありがとうございました。まだこのあとリフレクションタイムがあるからまだ終わらないんですが。

武田：ありがとうございます。もっと疲れると思ってました、私自身がね。これだけプログラム詰め込んで、めっちゃ疲れるんじゃないかなと思ってたんですけど、今元気です、とても（笑）やる気いっぱい、みたいな感じがします。[29] それも皆さんが楽しんで今日を過ごして下さったおかげかなと思っています。今日ここへ来て下さった皆さん、はるばる京都から来て下さった方々も、本当に感謝したいと思います。どうも皆さん、ありがとうございました。（拍手）

[29] 吉田：「ヒーロー伝説」ワークにも、「ほら話、荒唐無稽にもみえる大きな話つくって語って笑い合って、人生なにがあっても笑いの力で乗り越えよう」という私たちの隠れたメッセージがあるし、「冒険」ワークにも「自分の選択でやってみる」、「失敗しても乗り越える」というメッセージがある。
武田：参加者もだけれど、ファシリテーターの私たちも元気になるのは、それでかな？

ワークショップは終わりを告げた。

その後のワークショップのリフレクションにも多くの人が残ってくれた。[30]

[30] 吉田：教員研修とか授業ではリフレクションが必要だと思うけれど、そうでなければ、「遊びきった」「やりきった」というところで終ってもいいよね。

武田：今回は、この本のために参加者から率直な感想をもらえて、今回のプログラムを振り返るうえでも、次回を考えるうえでも、とても参考になりましたね。

吉田：結果、細かい点は改良する余地はあるけど、おおまかな流れは変えないという方向になりますね。

武田：そうね。でも、同じことを繰り返すのが苦手な私たち。さて、次回、立命館大学でのワークショップはどうなるでしょうか。

吉田：それはその時のお楽しみ！わたしたちファシリテーターが当日のノリでいきなり即興的に入れる要素もある、かも？

★自分の恥ずかしさなどはどうでもよくなる★……参加者から

短い言葉で自分の学びを表現することで、聴いている人にもわかりやすく、自分のことをシェアできる点が良いと感じました。自分の作った俳句をイメージで地図のどこかに配置する活動も目新しく興味深かったです。

【グループ３／トモコ】

俳句は実質今日のふりかえりのようなもので、それをたった十七文字で表現するのは難しいなと感じました。あと少し恥ずかしさもありました。今日はいろいろ発表しましたが、これが一番恥ずかしかったです。何せ、自分は俳句のセンスがないもので、何かひねったことを思いつきません。だからなかなか完成しなかったのですが、皆さんの発表を聞いているうちに自分の恥ずかしさなどはどうでもよくなりました。

【グループ１／オカヤン】

私の夢はかなり漠然としていたが、ここで書いた「多くの人と出会う」ということを常に頭のすみに置いて、これからも人生をたのしみたいと思った。

【グループ２／アヤカ】

コラム 5

PETA(フィリピン演劇教育協会)

吉田真理子

フィリピン演劇教育協会（Philippine Educational Theater Association：PETA（通称ペタ））は、1967年にマニラを拠点として立ち上げられた非営利組織で、2017年には創立50周年を迎えました。PETAは、フィリピン社会の問題や歴史をあつかったフィリピン独自の劇を、民衆の視点から創作し国内外で上演を行い数々の賞を受賞しています。また、PETA所属のアーチストたちが様々な地域におもむき、その地域の人々が抱える課題（たとえばストリートチルドレン、スラムの貧困、台風などによる被災など）にどう向きあうか、ドラマやアートを取り入れたワークショップの形態を用いて地域の人々とともに考え、よりよい社会をめざしていく、いわば草の根的な活動にも長く精力的に取り組んでいる団体です。

マニラにあるPETAシアター・センターで8月に開催される1週間のサマー・ワークショップがありますが、私は、学生たちや知り合いなどとともに、2013年から3年連続参加しています。ちなみに、この本の第3章を執筆してくださっている藤原由香里さん、イラストを担当してくださった宮﨑聡子さん、写真撮影にあたってくださった平井誠さんも参加経験者です。

津田塾大学ソーシャル・メディア・センターでは、「演劇教育による子どもたちのエンパワーメント〜PETAの“Safety Zone”構築に学ぶ〜」をテーマに、国際交流基金アジア・文化創造協働助成プログラムの助成を得て（2015年度〜16年度）PETAと協働事業を展開しました。私は、体罰、虐待から子どもたちを守り、ポジティブ・ディシプリンの考え方を学校や家庭に普及させていくPETAのキャンペーン活動（ARTS Zone Project）の視察に、メトロマニラの都市を訪れ、関係者のインタビューを行いました。また、2013年11月のヨランダ大型台風により甚大な被害にあったレイテ島に赴き、自ら管理運営して災害のリスクを削減していく自律的なコミュニティを、芸術をとおして育てる支援活動にあたるPETAのプロジェクト（Lingap Sining）の視察も行い、現地の小学校での取り組みなども見学させてもらいました。

さらに、PETAのartist-teachersを大学に招聘し、小平キャンパスで

column

の講演会やワークショップの他に、近隣の公立小学校で４年生、５年生を対象としたドラマ・ワークショップも行ってもらいました。子どもたち一人ひとりが生き生きと表現する姿、そして休み時間にもPETAのアーチストたちに英語で積極的に話しかけようとする態度に、校長、担任、そして私も目を見張りました。

さて、PETAとの協働事業から学んだPETAの理念、教育論、PETAが半世紀にわたるワークショップ経験のなかで開発してきた統合的演劇芸術モジュール（Basic Integrated Theater Arts Workshop）の方法論について、少し紹介したいと思います。PETAが創設以来、いわばミッションとしてきた三本柱があります。

① Theater for Artistic Development（芸術の発展のための演劇）
② Theater for Advocacy（〔政策〕提言のための演劇）
③ Theater in Education（演劇教育）

①は統合的演劇芸術というPETAの教育論につながるものです。統合的演劇芸術を構成する主な要素として、creative drama, creative writing, visual arts, creative sound and music, creative body movementがあります。PETAのワークショップには、ワークショップの目的やねらいに即して、これらの要素が上手に散りばめられています。

②にあたるPETAの直近の活動が、前述したARTS Zone Projectです。子どもたちの人権を守り、体罰や虐待に代わり対話を大切にしたポジティブ・ディシプリンを広めようという演劇をとおしてのキャンペーンは、学校の校則や地域および国の法令や政策にも訴えていく（アドボカシー）活動です。

③について、具体例を挙げてみましょう。前述したレイテ島のパロ市はPETAと2010年よりパートナーシップを築き、ダンス、演劇、歌などの芸術的才能に恵まれる地元の青年たちを中心にPCAO（通称ピカオ）という組織が結成されました。2013年にヨランダ台風で壊滅的な被害を受けた後、PCAOのメンバーもトラウマに悩まされていましたが、PETAのメンバーが被災地に駆けつけPCAOメンバーを対象に社会心理学的なワークショップを行いました。その後、PCAOのメンバーたちが自律的に社会心理学的なワークショップを主に子どもたち対象に、学校や避難所などで実施していきます。また、PCAOはPETAのアーチストたちとともに、"Padayon"（前へ進め）という劇をつくり上演します。台風に地域全体で備えたおかげで、豊かな家も貧しい家も、全員が無事、そして家財も首尾よく避難させることで地域全体が壊滅的なダメージを

免れたという内容です。どのようにリーダーシップをとり協力していくことがコミュニティを助けることになるのかを問うこの作品は、まさに演劇をとおしての教育です。この作品はマニラで行われた全国規模の子ども演劇フェスティバルでも上演され、この劇を観る人も、演じる人も、ともに癒され前向きに生きていく勇気をもらったと、PCAOのメンバーがインタビューの中で語ってくれました。

この5年間、PETAの様々なワークショップに参加する機会を得ましたが、私にとって特に印象深かったことが2つあります。1つ目は、ワークショップをふたりのファシリテーターがペアで進めていく方式です。聞いてみるとPETAは、年季の入ったベテランのアーチストと若手とを組み合わせることが慣例になっているそうです。そのような組み合わせで行うことでお互いが学び合い、そしてPETAの長年開発してきた方法論を受け継いでいくこともできるのでしょう。ペアで行うことは、お互いの強味を活かして豊かなワークショップに組み立てられること、そして何といってもワークショップ中、参加者の反応と、ワークショップの流れをふたりでよく観察しながら舵取りをしていけるという大きなメリットもあります。ファシリテーターふたりの、対話をとおしての学び合いは大きいです。

もう一つのPETAワークショップの特徴は「儀式(ritual)」と彼らが称するワークショップのクロージング(閉じ方)にあります。PETAのアーチストたちは、ワークショップ終盤で、参加者一人ひとりにワークショップ全体を静かにふりかえってもらう時間をとります。参加者は、ワークショップの体験を、詩や俳句、切り絵など、creative writingやvisual artsといったアートを取り入れて表現します。各自でしばらく作業をしたあと、一人ひとりの表現をみんなで共有していくのですが、それぞれの表現に触れていく過程で、ワークショップへの新たな気づきが生まれたり、参加者の新たな一面を見ることもあり、感嘆や笑いに場が包まれていきます。あたたかい一体感のなかで、一人ひとりの達成感と自信につながるこのワークショップの閉じ方を、このたびのワークショップでも取り入れてみました。

最後になりましたが、前述したPETAのサマー・ワークショップ一週間の間には、PETAと関わりの深い地域を訪れ、様々な活動に関与します。かつてマングローブの豊かな林があったというマニラ湾近郊のバセコ地区を訪れたことがあります。伐採や開発、汚染によって林が消え、台風の被害に見舞われるというその貧困地区の未来のために、マングロー

column

ブ4万本を植樹する取り組みに励むプロジェクト・リーダーに感銘を受け、私もごみ溜めと化している岸に長靴で入り苗木を植えました。そして一年後、再びその場所を訪れ、大きく成長しているマングローブを目の当りにして、自然の偉大さ、たくましさをあらためて思いました。また、PETA ゆかりの地イントラムロスでは、戦没者慰霊碑をまえに、PETAのアーチストたち、そして日本からの参加者たちとともに花を手向け、詩の朗読やパフォーマンスなどを行いました。私は、PETA との出会いを縁に、これからも演劇をとおして世界平和と友好をめざす教育をしていくことを慰霊碑の前で誓いましたが、その誓いは今でも心に深く刻まれています。

【参考資料】

吉田真理子「2013 年度　5 章：パフォーマンス・アート・プロジェクト 2012 at Tsudaの誕生とその後〜非営利演劇団体ＰＥＴＡと大学が出あうところ〜」『津田塾大学ソーシャル・メディア・センター活動報告書　2012〜2014 年度』(2015 年), pp. 31-43.

吉田真理子「2015 年度　5 章：参加者の声から見えてくる PETA 招請事業の意義」『津田塾大学ソーシャル・メディア・センター活動報告書　2015 年度』(2016 年), pp.23-52.

吉田真理子「2016 年度　5 章：PETA 招請事業 2016 報告」『津田塾大学ソーシャル・メディア・センター活動報告書　2016年度』(2017年), pp. 15-44.

第3章
ふたつのワークショップを終えて

リフレクション

"Reflection is the beginning of reform."

「省察は改革の一歩なり」
マーク・トウェインのスピーチ集より

1 ワークショップは何が変わったか
二度目への進化

鈴木聡之

●同じプログラムの印象が違う

2018年6月17日（日）、立命館大学草津キャンパスで開催された、FMプロジェクト主催のドラマ・ワークショップ「〈トム・ソーヤ〉を遊ぶ」に参加しました（136ページ参照）。2017年12月26日に津田塾大学で初めて行われたこのワークショップ、場所を移し、内容をブラッシュアップしての2回目の実施です。私は両日とも参加させていただいたので、前回と比較しながら、一日をふり返っていきたいと思います。

この日、印象的だったのは、参加者がドラマワークに【本気】でチャレンジする「場」があっという間に出来上がり、その「場」のエネルギーが終日続いていったことです。それは、前回の実施を踏まえた主催者（ファシリテーター）のふたりの【仕掛け】と、この日集まった参加者の皆さんのしなやかな【遊び心】が融合したからこそ実現したのではないかと感じます。

●本気の「だるまさんがころんだ」

具体的な場面を思い返していきます。まず、最初のウォームアップとして【仕掛け】られた「だるまさんがころんだ」を【本気】で遊ぶ参加者が多かった。特に途中から「宝を奪い、持ち帰る」ルールに変わって、チーム対抗戦になった時の何人かの【本気】度に、他の参加者たちが巻き込まれていきました。知らない者同士が集まり、後で聞いたらドラマワーク初体験の方も多かった「場」で、「ここは【本気】で遊んでいい空間なんだ」と、安心し、全体が「遊び」に前のめりになっていったように感じました。

続いて行われた「ジグソー法」によるマーク・トウェインの情報共有でも「一人ひとりが出先で得た情報を、自分のグループに持ち帰って1分間で伝える」ことへの【本気】度が前回よりずっと高かったです。

すでに生まれていた【本気】のエネルギーに加えて、ファシリテーターからの２つの【仕掛け】、「１分間でしっかり伝えてくださいね」という明確なメッセージと、ひとりひとつ責任をもって情報を伝えなければならない人数設定（前回はひとつの資料を複数の参加者が担当するグループがありました）があり、さらに多くの参加者が「情報が書かれている資料は回収されてしまう（暗記が必要）」と勝手に誤解したことで、素敵な緊張感が生まれていました。

実は提供された情報の内容も、前回からは変更されていて、その【仕掛け】が午後のプログラムに繋がることになるのですが、この時は意識していませんでした。

●『トム・ソーヤの冒険』へのこだわりを忘れ

その後、午前中は「トムの冒険」をグループで演じ、「わたしの冒険」を語り合い、共有し、静止画に表すという流れで進んでいくのですが、この時点ではもう会場全体が「安心」してワークショップの【仕掛け】の中にいたのではないでしょうか？「【本気】でドラマを演じること（フィクション）」と「自分の過去の冒険を語ること（実話）」という異なる２つのプログラムが「冒険」というキーワードで無理なく連続していました。

私は、前回はワークショップが始まる直前に『トム・ソーヤの冒険』を読み、「トム・ソーヤの世界に浸り切るんだ」と勝手に思い込んで参加していたので、プログラムが『トム・ソーヤの冒険』から離れるたびに「違和感」と「物足りなさ」を感じていました。

しかし今回は「トムの冒険」から「わたしの冒険」という流れがしっくりきました。縁あって同じグループになった者同士が、それぞれの冒険を語り合い、共有し、共に演じることで、互いを理解し合っていくのは、とても豊かな時間でした。

今回も直前に一生懸命読んできた方がいました。その方は、ワークショップの最初からとても楽しんで参加していましたが、それでも、「トムの冒険」をグループで演じる際には、この日提示されてはいない「原作のストーリー」にこだわってしまっていたので、ワークショップ告知時に「『トム・ソーヤの冒険』は読まずに（あるいは、読み返さずに）参加してください」という一文があってもいいのかもしれないと感じました。

●「オール・マン・リバー」がワークショップのアクセントに

午後に入り、グループ対抗の「川にまつわる歌合戦」。これは前回同様、【本気】のバトルが楽しかったです。これを経て、「オール・マン・リバー」というミシシッピ川を歌った曲を味わう時間になりました。

前回は、この曲を聴く部分の意図がよくわからず、私は「なんだか落ち着かない時間」だったのですが、ファシリテーターのおふたりも「ワークショップ全体のエネルギーが落ちてしまった」と感じていたとのことで、今回はここにも新たな【仕掛け】がありました。

午前中のジグソー法の資料の中に「マーク・トウェインとアフリカン・アメリカン」という「南北戦争」「奴隷解放」「著作の中の黒人奴隷」に関わる資料が追加されていたのです。そして午後のこの部分では「曲の背景を説明する時間」を大幅に短縮し、その代わりに、曲を繰り返し聴いて味わったことで、前回のようにエネルギーダウンすることなく、このプログラムが、ワークショップ全体を引き締めるアクセントになっていました。

●「ヒーロー伝説」から「ほら話」へ

休憩後のプログラム「マイクのほら話」。ここにもいくつかの【仕掛け】がありました。前回はアクティビティの名称が「ヒーロー伝説」だったのですが、今回は「ほら話」に変更されていました。「ほら話」という言葉は参加する学生たちにとって耳慣れないかもという理由で前回は「ヒーロー伝説」にしたと聞き及んでいますが、はっきり「ほら話」としたことで、作り手にとっての自由度が増し、荒唐無稽な「マイク・フィンク像」を創りやすくなったのではないでしょうか？

参加者各自が「マイク」の生い立ちを、まずは「絵」に表し、その「絵」を年代順に並べて、紙芝居のようにしてストーリーを作るという流れも、再度体験してみて、大変秀逸な【仕掛け】であると再確認しました。個人作業で「ほら話」作りに入る時に、「絵」に描くところから始めることで、「言葉（文字）」で作るよりも、イメージがより幅広く膨らむことを実感します。巧まずして、ハチャメチャなストーリーが出来上がっていくのが楽しいです。

さらに「ほら話」の基本ルールを一人称での「自分語り」にしたことも、参加者それぞれが「マイク・フィンク」に成って語れたので、効果的だったと思います。前回「マイクは……」と語っていた参加者が物語の「ナレーター」だとすると、今回「俺は……」「私は……」と語った皆さんは「役者」のようでした。

●スモールステップなしだから跳べる

今回このプログラムで、インプロ（即興）を生業とする私にとって衝撃的だったのが、前回「参加者の皆さんが、即興でほら話を作る準備」として行われた「連想」「噂話」という２つの即興的なアクティビティが、ファシリテーター・ふうみんの咄嗟の判断で省略されたことでした。

前回のワークショップの後、この「即興の準備ワーク」をどうブラッシュアップするかを真剣に考えた私は、この日どう変わるのかに注目していたら、「省略」だったわけです。「なるほど！ ここまで【本気】でドラマの世界に浸って遊んでいる【遊び心】たっぷりの皆さんならば、準備ワークが無くても大丈夫だな」とその場では思いました。しかし、後で振り返ってみると「無くてＯＫ」ではなく、むしろ「余計な準備ワークはやらなくて良かった」と思えました。

「オール・マン・リバー」の世界観からダイレクトに「マイクのほら話」に向かう流れの中で、「即興でお話を作る」というハードルを、今回の参加者のほとんどは、苦痛に感じてはいなかったと思うのです。もし前回同様「準備ワーク」を行なっていたら、せっかく午前中から積み重ねてきたドラマの世界観を損なっていたかもしれません。

でも、それ以上に私にとって、この「準備ワークを省略する」というふうみんの【仕掛け】を体験したことでの衝撃的な気づきは、「丁寧なスモールステップは、余計な方向付け・指示になってしまう危険を孕んでいる」「時には思いっきりジャンプアップしたほうがいい」という点でした。

小学校で外部講師としてインプロ授業を行っている私は、子どもたちが「安心」して即興表現にチャレンジできるようにと、スモールステップでの「準備ワーク」を積み重ねて授業の流れを作っていくことが多いのです。それはもちろん大事なことなのですが、ひとりひとりの心を揺さぶるチャレンジの「場」を作るチャンスを、余計な「丁寧さ」が妨げている時があるのではないか？「安心」を優先しすぎて、子どもたちにとっては、表現の方向性（こんなふうにしなさい）が見えすぎてしまい、ワクワクしないプログラムになっている時があるのではないか？ と感じたことは、私にとっては貴重な学びでした。

この日の参加者は、「マイクのほら話」を語るまでに、「本気で遊ぶ」「自分の過去を語る」「フィクションを演じる」「いきなり歌う」「絵を描く」など、本来はかなりハードルの高い様々な行為に既にチャレンジしていました。それが可能になったのは、ファシリテーター側の「丁寧な」分析に基づく【仕掛け】と、【遊び心】たっぷりのメンバーの【本気】のおかげでした。その状況で、「即興のほら話」の前に「即興での練習」をすることは、「余計な指示・方向付け」だったでしょう。

ひとりひとりの「絵」から始まった「マイクのほら話」をすべて繋げて、「ハチャメチャ大河ドラマ」として完成させた参加者は、心地よい達成感を共有していたのではないでしょうか？

●もし演出を工夫するなら

そして、再びグループに戻り、今度は「未来の自分の冒険」を語り合い、その冒険を演じていきました。ここでのファシリテーターの【仕掛け】は演じる手法を各グループに委ねたこと。多様な表現方法によって、全員の「未来の冒険」がひとつひとつ紹介されていきました。共に語り合い、演じた仲間はもちろんのこと、他のグループのメンバーの未来への「思い」も、しっかりと受け取ることができました。

些細な部分なのですが、それぞれの「未来の冒険」を「発表」する間が、今回もちょっと気になりました。冒険の主役が交代するたびに、ファシリテーターが司会者的に介入していくことで、流れを止め、ドラマのエネルギーが落ちていたように思ったのです。

私なら、「発表のフォーマット」を事前に全グループに示し、あとは「スライドショー」で画像が自動的に切り替わるように、参加者自身で次々と「冒険」を展開できるようにしたい。——発表方法の一案を示します。

「冒険の主役をセンターに配してグループが横一列に並ぶ」
→「冒険の主役が一歩前に出て名乗る」
→「『３・２・１・アクション』等のかけ声をファシリテーターだけではなく観ている者全員でかける」
→「そのかけ声に合わせて冒険が動き出す」
→「冒険を演じ終わったら、また横一列に並ぶ（次の主役がセンターに移動する）」
——これを繰り返す。

静止画を作る場合は

「冒険の主役をセンターに配してグループが横一列に並ぶ」
→「冒険の主役が一歩前に出て名乗る」
→「『３・２・１』で場所を移動し、『アクション』の代わりに『ストップ』で静止する」
→「『タッピング』（肩を叩かれた人が一言ずつ台詞や心情を語る）が終わったら、また横一列に並ぶ（次の主役がセンターに移動する）」

こんなイメージです。

●ひとりひとりが主役

プログラムの締めくくりは、一日を振り返って「リフレクション俳句」を作り、フロアに置かれた「オール・マン・リバー」が流れる大きなアメリカの地図の上に、各自がその俳句を読みながら短冊を並べていきます。これでこの日は「私の冒険」〜「未来の冒険」〜「リフレクション俳句」と、計3回、参加者一人ひとりにスポットライトが当たり、その時々の各自の思いを、参加者全員で共有しました。参加者誰もが主役であるというメッセージが明確で、全員が大切な存在としてこの「場」にいることができました。一方では、グループワークで共にドラマを創った仲間との【濃密な時間】、「安心」して「自由」に表現でき、チャレンジを楽しむことができる【心地よい空間】がありました。ワークショップの【仕掛け】に身を委ねて、【本気】でドラマを遊んだ一日は、共に過ごした参加者の印象を、心に色濃く残しました。

●教育現場で実施するには

最後に、今後、このプログラムを各所で実施する上での「課題」と思われることについて記していきます。

学校の教室など、様々な学びの場で「〈トム・ソーヤ〉を遊ぶ」を実施するとしたら、この日のように、参加者があっという間に【本気】の「場」を形成してくれることを、いつも期待するわけにはいかないでしょう。もし、ワークショップに設定されている「ハードルの高い」行為の数々に参加者がひるんでしまったら、ファシリテーターはどう対処していけばよいのかが、大きな課題だと思われます。【本気】で遊べる「場」、【安心して自由に表現】できる「場」をつくるために、その時の参加者の状況を見極めて、どのような【仕掛け】を提示するのが有効なのか、自分の現場で実施すると想定して考えてみました。

緊張感の高い参加者たちの「場」では、「スモールステップ」で丁寧に

「準備ワーク」を積み重ねていきたいと思います。例えば「トムの冒険」を静止画で表す部分の前には、静止画で表す（いろいろなものに変身する）インプロゲーム、「マイクのほら話」の前には、立命館大学の場では「省略」された「準備ワーク」（即興の言葉遊び・お話作り）を配したい。この時に気を付けたいのは「徐々に上達を促す」「上手にできるようになる」ために「スモールステップ」を踏むのではないということです。「上達」「上手」あるいは「正しい答え」を意識した表現は、「安心して自由に表現すること」とは相容れないので、「スモールステップ」は「徐々に、本気になる」「徐々に、失敗を怖れずに表現できるようになる」「徐々に、自分とは違うアイデアを受け入れられるようになる」ために踏んでいきたい。それによって、場には自然に豊かな表現が生まれてくるのではないでしょうか。

現実の自分からなかなか抜け出せない真面目過ぎる参加者たちの「場」では、時には、「スモールステップ」なしに、「ドラマ仕立て」「ゲーム仕立て」で一気にフィクションの世界へ誘いたい。その場の参加者の【本気】スイッチが入る瞬間を生み出したい。今回で言えば「だるまさんがころんだ」の「宝を持ち帰る設定」のように、多くの参加者の【本気】スイッチを入れることのできる【仕掛け】を用意したい。しかし、ここでも気をつけたいことがあります。「いつ、どの場でも通用する万能な【仕掛け】（アイスブレイク）などは存在しない」し、「全員のスイッチが入ったように見えても、その流れには乗れず、まだスイッチオフの参加者がいる可能性が常にある」ということです。スイッチを入れたくない人が、オフのままでその場に居続けられるような配慮を忘れたくない。オフで居続けることを保障されている「場」でこそ、人は「安心して自由に表現できる」と思うのです。

今回、このＦＭプロジェクトのワークショップに実際に参加したり、この本で「〈トム・ソーヤ〉を遊ぶ」に出会ったメンバーが、各地の現場でこのプログラムを実践していく中で、様々な【仕掛け】や「準備ワーク」が生まれてくると思うので、それを皆で共有し、蓄積していけたら面白いのではないでしょうか？　私も小学校のインプロ授業で、早速実践を始めてみたいと思っています。

立命館大学教育ワークショップ　配布資料（目次）

立命館大学　教育ワークショップ

「トム・ソーヤ」を遊ぶ

～楽しく創造的な学びをめざして～

2018年6月17日　立命館大学BKCにて

資料の内容

❶

2 ワークショップから授業プランへ

藤原由香里

津田塾大学でのワークショップ

●私の中にもトムがいる！

『トム・ソーヤの冒険』をテーマにしたワークショップを実施する、と聞いた時、私が想定していたのは、自分自身がトム・ソーヤになって、物語の世界を味わってみるというものだった。『トム・ソーヤの冒険』に特別な思い入れや想像があるわけではなく、小学生の頃、絵本で読んだ記憶がかすかに…という感じであったので、ドラマを演じたら、本が読みたくなるかな、という期待をしながらワークショップ開始を迎えた。

しかし、どうだろう。思い描いていたワークショップとは違った。『トム・ソーヤの冒険』を扱いながらも、私たちがその日体験したのは、「私の中にもトムがいる！」という感覚、すなわち、自分の冒険物語だったのである。

そんなこと、誰が想像しただろう。そう、この想像を超えたワークショップの展開が、まさに、冒険そのもののようだった。では、その先の予想できない冒険に満ちたワークショップを、私自身が最も心動いた部分を中心にレポートしてみたい。

●足りないからこそ知りたくなる

午前中、ジグソー法でマーク・トウェインについての情報をグループで共有した後、トムの冒険をグループでシーンにした。テキストのほんの一部分だけが与えられたので、前後に何があったか、想像を広げながら即興劇を作る。しかし、あまりに一部分の情報しかないので、自分たちで描かれていない部分を想像するしかない。「トムってどんな性格なの？」「どんなふうに話すんだろう？」「周りの子たちはどんな子かしら？」

表現するとなると、正確に、リアルにやりたいという気持ちが湧き上がってくる。もっとトムのことを知りたい！ 本を読みたい！ そんな感想を持った。

●「トム・ソーヤの冒険」から「わたしの冒険」へ

そして驚きだったのが、その後、「わたしの冒険」へとテーマが移ったところだ。冒頭でも述べたが、この「予想外の展開」は、とてもドラマチックなものだった。“わぁ！ こうつながるのか！ 私の中にもトムがいるんだ！”という興奮。何か、自分の「外」のものだと思っていた「トム」や「冒険」が、一気に自分の内側にアクセスしてくる。トムが、私の中で颯爽と駆け出し、いたずらを始めるように、私はワークに没入していった。

各グループで、グループのメンバー一人ひとりの冒険のストーリーを出し合い、「静止画」＋「思考の軌跡」で表す。幼い頃から今に至るまでの冒険。幼い頃に道の工事現場に遭遇し、その向こう側に渡りたいけど、勇気がなくてなかなか渡れなかった時のことを語る女性。「ああ、あったよね。そんなドキドキ！」「わかる、わかる！」他者の語りに誘発されて、眠っていた記憶がじわじわとよみがえってくる。

私は、友人とふたり、マケドニアに旅行に行った時のことを語った。国境でのパスポートを受け渡す緊張の瞬間。語られたシーンを皆で作りながら、グループメンバーのドキドキも、自分の中に懐かしい記憶のように入ってくる。

その後、グループごとにショーイング。各々の冒険のストーリーのコンセプトが面白い。

“越える”“危険をおかす”“行き止まり”“不安”“未知”…といった、物語を読み解く上でのキーとなるコンセプトが登場する。ここで出たコンセプト（例：“国境”“越える”など）はこの１日の他のテーマ（「川」「差別」「人種」など）に受け継がれていく、重要なアイテムとなっていったように思われた。見事な流れである。

●集めて取り出す〜「川」は何を象徴しているか〜

本ワークショップは「集める→取り出す」という流れが特徴的だと感じた。先ほど述べた「各自の冒険エピソードを集める→そこから概念を取り出す」という流れもそこに当てはまる。もちろん、ファシリテーターが概念を取り出した訳ではないが、参加者が自然に概念を受け取り、つなげていったことから、「取り出す」が行われていたと言えるのではないかと思う。

同じような流れを「川に関連する歌集め・歌合戦」にも垣間見ることができた。私は、「集める」という行為がとても好きである。人間は、「集める」という行為をする時、自然に「分類する」という行為もしたくなるのだろう。私自身、「川」に関連する歌集めを楽しみながら、同時に、「川」にまつわる歌が、どのような概念を含んでいるか、考えていた。そう。ここでも、様々な“川”に関する概念が見えてきたのである。

出てきた歌の題名は、「春の小川」「隅田川」「イムジン川」「めだかの学校」「神田川」「Moon River」…。歌を聴きながら、川は文化の境であり、国の境であり、人生の比喩であり、人々の憩いであり、生き物の住処でもあるということが見えてくる。そう、並べられたものから、自然に浮かび上がってくるのだ。

こうして、それぞれの川の特徴や背負ってきた歴史、文化を考えていくと、ミシシッピという川の背負ってきた運命や、川の性質、暮らし、人々の文化についても俄然興味が出てくる。もっと知りたい、という気持ちが湧き上がってきた。ふうみん＆まりこが教えてくれた、ミシシッピに住む生き物の話の面白かったこと！　ただその話を何のしかけもなく聞くのと、自分から出て来た「川」の話と引き寄せながら聞くのとでは、どうしてこうも面白さが違うのだろう。

●ワークショップは終わらない～日常へのアクション～

最後のワークは「未来の冒険」と題されていた。なんと「自分の未来の冒険を演じる」というのだ。壮大なほら話を、みんなでやってみよう！というワークなのだ。ほら話は、ミシシッピ川の後半のワーク「ヒーロー伝説」で登場したアイテムである。それにしても素敵な時間だ。最後、やはり主人公は自分なのだ。トムの冒険をきっかけとしながら自分の冒険へ、ミシシッピの歴史やヒーロー伝説を体験しながら、最後は、壮大な自分の未来の冒険へとつながっていく。

私は、個人的に通っているアートワークのセッションで、よく未来を絵に描いたり、語ったりする。まだ見ぬ未来を描き語るという経験は、人を勇気づける。同時に、夢はひとりでは叶えることができない。今回、グループで静止画をつくったように、自分の周りにいる人や物がいることでかたちづくられる。そんな比喩のようにも感じられる時間であった。

●ファシリテーターが冒険者であるということの意味

ここまで見てきたように、本ワークショップは大変に練られたワークであった。私も参加したPETA（フィリピン教育演劇協会）によるワークショップでまりこ先生と体験させていただいたことがふんだんに盛り込まれていた。ふうみん＆まりこペアが『ハックルベリーフィンの冒険』を元にしたワークショップから、数年にわたって新たなチャレンジを続けられていることを存分に実感できる充実した時間だった。まさに「ふたりの冒険に参加した」、という感じなのだ。この意味は大きいと考える。

つまり、提供する側が、そのテーマについての実感、体感、切実感を十分に経験しているということ。そのことが、ワークの細部をつくり、全体を支えているように感じた。ファシリテーターが、学習者としての経験、感動をしており、そのベースの上に組み立てられたワークであることで、参加者とも感動の共有が図られる構成が自然に生まれているように思われた。

●複数メディアの往還によって思考が深まる

このワークショップの特徴として感じられたことがもう一つある。それは、身体、想像力だけでなく、映像、音楽、絵、絵画、地図、紙芝居、俳句といった複数のメディアを扱ったことにある。私が参加者として実感したことは、メディアを行ったり来たりする際に、思考が一段深まるような感じがするということだ。それぞれのメディアには、表現しながら思考を深める道具としての可能性を十分に持っているが、それらのメディアを単体で使うだけでなく、演じた後で俳句を読んだり、歌を歌った後に絵を描いたりすることが、メディア特性の違いを補完する働きを促すように感じられた。

例えば、歌を歌っていた時に思い描いていたことを絵で表現したり、即興劇では言葉をじっくり選べなかった分、俳句でじっくりと言葉を吟味することを楽しんだり…。人にはそれぞれのメディアとの適性があると思われるが、こうした複数のメディアを使うことは表現を楽しむ上でも思考を深める上でも、非常に有効だと感じる。ああ、この複数メディアの「横断」や「越境」もまた、このワークショップのテーマと響き合っているのだろうか。「川」の向こう岸に「橋」や「船」や「泳ぎ」を使って渡り、新しい文化や自然に触れながら、自分自身の世界、感覚を広げ、研ぎ澄ませ、視野を広げていく。そんな経験だったように思われる。

●ドラマ・ワークショップの中のドラマ

ドラマ学習の中のドラマティクな場面、というのは、ドラマの授業の持ち味が凝縮された場面だ。本ワークショップの中で、最もドラマらしいと私が感じた部分は、以下の部分である。

・ワークショップの展開が、学習者の予想や経験を超えている場面。これまで体験したことのない「学びの世界」ゆえに、「え、次はそうなるの！」「ああ、そうつながるのか！」という驚きと感動がある。

物語に山場があるように、学習にも山場がある。この山場が、１日の流れの中に非常に効果的に組み込まれていた。学習者には、「予想する展開」がある。それは、文学作品を読む場合と同じだ。「きっと、次はこうなるんじゃないか」と思いながら活動をしている。ある時は、「なんでこんなことするんだろう」と思いながら活動をしている。あえて、その先を見せないこと、見通しを持たせないことによって、学習者は予想し、その予想がよい意味で裏切られる体験をすることができる。これは、現在の学校現場でよく実施されているように「単元のゴール」「授業の最後」を見通してしまっては、体験できないことかもしれない。学習者が先を知っておくことで、自ら学んでいけることの値打ちは確かにある一方で、学習者が先を知らないからこそ、深めたり味わったりできる学びの世界があることを、改めて思い知らされた。

●なぜドラマを学ぶのか

私は小学校の教員だ。授業で子どもたちは物語を読んだり、文章を書いたり、語ったりする。国語の授業で一番伝えたいことをあげるとすれば、私たちは、皆、自分という物語を生きている、ということだ。そしてそれは、自分という物語は自分で語ることができるということであり、また、語り直すことができるということでもある。一人ひとりの体験は他の誰のものとも変えられず、かけがえがない。そして、それを語ることができるのも、他ならぬ自分自身である。

そして自分の物語を編んでいく際に助けになるのが、誰かの物語である。その一見遥か遠くにある誰かの物語に体と想像力を使ってアクセスできるのが、ドラマの魅力と言える。国境を超え、時空を超え、人種を超え、文化を超えた、遠い誰かの物語を演じる時でさえ、そこに魂のつながりを見出せたら、対象と深くつながることができる。

ふうみんがいつか、ドラマのワークショップで教えてくれた「人生の練習」という言葉が忘れられない。

ふうみんは言った。

「一度しかない人生、私たちは練習をすることはできない。しかし、誰かの人生を演じるという経験が、自分の人生を生きて行く時の、練習になるのではないか。」

自分という物語を編んでいく、その時、誰かの人生を演じることが、補助線のように、隠喩のように、助けとなりえる。ドラマのワークショップで誰かの人生を全身の感覚や想像力を使って生きる時、私は、そのことをはっきりと感じる。

そして半年後、立命館大学でのワークショップ
●冒険に“宝”は欠かせない！

ＦＭプロジェクト、２回目のワークショップは、至る所で「異文化理解」「冒険」というコンセプトがはっきりと打ち出されたものになっていた。

冒頭の「だるまさんがころんだ」では、定番ルール、ご当地ルールを盛り込みながら、どんどんルールを変えて進行されたのだが、最も盛り上がったルールは「“宝”のペンをとり、オニに気づかれないように、自分たちの陣地（壁）まで持って帰ることができたら勝ち」というものである。この「宝があるかないか」で、盛り上がりや人の動き、思考がこうも変わるんだ！と衝撃を受けた。「それなら、こんなルールにしたい！」という発想も湧いてきたり、作戦タイムに熱心に議論が交わされたりと、一気に思考がフル回転。チームも自然に協働体制に。見る側に回るのも楽しい。ああ、冒険に“宝”は欠かせない！

その後行われた「トム・ソーヤ」の真夜中の墓地シーンでも、宝があるかないかで争いが始まり、事件に…という展開も生まれた。人生や物語において“宝”ってやはり鍵になるアイテムだなあ。そして、冒険とはその宝を追い求める間のプロセスであるとも言える。このように、参加者が勝手にコンセプトを掘り下げていくことができたのも、ふたりのファシリテーターのプログラム設計の見事さによるものだろう。

●自分を大きく見せることは、恥ずかしいことじゃない

ワークショップ後半の「マイクのほら話」のパートで、ファシリテーター・まりこが、「自分を大きく見せること（Stand tall）は、決して恥ずかしいことではない」というアメリカの文化について語ってくれて、すごく考えさせられた。というのも、最近、「自分を大きく見せる人に、ちょっとイライラする自分」がいたからだ。日本では、過大に自己評価をする人は「能力がない」「恥ずかしい」と思われがちだ。謙虚が美徳とされ、「能ある鷹は爪を隠す」ということわざもある。でも、それって、自分の思い込みかもしれない。文化が違えば、何を恥とし、何を美とするかも違う。「ちょっと、私、凝り固まっているんじゃないの？」という自分への問いも湧き上がってきた。

ファシリテーター・まりこは、続けた。「子どもには、アメリカ式にのびのび育ってほしい」と。ああ、そうだ。その通り。昔、１年生を担任した時、グラウンドを２～３周しか走っていないのに、子どもたちは「10周走った！」「おれは、20周！」と、得意げに話していたっけ。それを見て、「いやいや、そんなに走っているわけないでしょ」と思いつつ、「ああ、１年生の子たちにとって、１周走るのは、10周走ったように感じられるんだな」ということにも気づかされたのだった。「ほら話」というと、日本ではネガティブなニュアンスを伴うが、こうして、異文化の感じ方、捉え方を学ぶことで、自分の身の周りの人にも、ちょっとおおらかに、寛容になれるのかもしれない。

このように、１回目のワークショップと比べて「異文化理解」「冒険」というコンセプトがくっきりとしたことで、個々のワークやファシリテーターの語る言葉が一層つながりを増し、参加者の「深い学び」が促進されたように感じられた。

●もし、このワークショップを小学校の授業でするなら?

もし、このワークショップを小学校の授業で実施するなら、どうする？

そんなわくわくする問いを自分自身に掲げて、簡単な指導の流れを作ってみた。対象は５年生をイメージしている。私は過去に１度だけ５年生を担当しているのだが、その時の学年で共有したコンセプトが、ずばり「冒険　(Adventure)」だった。躍動的で好奇心に満ちた５年生の子どもたちに「冒険」というコンセプトはぴったりだ。

授業は、国語科や総合的な学習の時間、図工での活動をイメージしてみた。『トム・ソーヤの冒険』を触媒に、自分達のドキドキした冒険エピソードを語り合い、シーン作り・発表で交流する。トム顔負けの冒険だって、飛び出しそうだ。「未来の冒険」で、周りの援助を受けながら、人と協働して冒険シーンを作っていくというのは、まさに現実世界で夢を叶えるプロセスそのものの体験になるだろう。どなたかがワークショップの最中に「未来の冒険を人に話すことで、夢に近づく」とおっしゃっていたように。

また、実際に、ワークを経験すると、そのワークの間には、どんな出来事があったのか、原作の文章を読みたくてたまらなくなる。私も、このワークを受けたあと、原作を手に取り、まず、自分が演じたシーンの箇所を読みふけった。演劇で物語世界を経験し、その後、作品を味わうという物語の楽しみ方も、いいなぁと思うのだ。

この冒険ワークショップを授業で実施し、破天荒なトムの冒険を追体験し、自分たちの冒険エピソードをシェアすることで、「あれは危ないからダメ」「こういうことを学校でするのはダメ」と、ダメダメだらけの学校に、ちょっと、おおらかでのびのびとした空間が生まれるといいな、と思う。

単元名				「冒険者たち」
単元を通しての目標				冒険物語を読んだり、自分
時数	教科･領域	トピック	目標	学習活動
1	国語	「トムの冒険」	・物語の設定の工夫に興味を持ちながら、読書に親しむ。	（1）ウォームアップ「だるまさ （2）ジグソー学習（①物語の舞 カ社会） （3）「トムの冒険」チームごとに （4）原作では、どの順番に物語 （5）振り返り
2	国語	「トムの冒険」		
3	総合	「自分の冒険」	・自分自身の冒険エピソードを友達と交流する。	（1）担任教師の「自分の冒険」 ング)。 （2）グループに分かれ、「自分の （3）一人一人の冒険を、静止画 を話すという約束をもうけ （4）出来上がったものを発表し、 （5）各々の冒険に共通している （6）「冒険とは…」で、冒険のエ
4	総合	「自分の冒険」		
5	図工	「マイクの冒険」	・ヒーロー伝説紙芝居を作る。	（1）ミシシッピ川について知る （2）ほら話を作るという課題を （3）『マイク・フィンク』の表紙 （4）赤ちゃん期、少年期、青年
6	国語	「マイクの冒険」		（1）グループで、絵を元に、お （2）ストーリーの順番を考える。 トペ、比喩、五感）も加え （3）全員で、絵を元に、読み語
7	総合	「未来の冒険」	・お互いの未来の冒険を交流する。	（1）自分の未来の冒険について、 しいものや、人も書き込む。 （2）グループメンバーに伝える。 （3）グループで、それぞれの「 画」「シーン」「マイム」等 に「〇〇の未来の冒険」と してみたい。」という、短い
8	総合	「未来の冒険」 発表会		全員分の「未来の冒険」を発表する いて考えたことを「リフレクショ

小学校　授業「冒険者たち」展開例

らの冒険を語り合ったりしながら、「冒険」の面白さを探究しよう。	
	留意点
ころんだ」 時代　③登場人物　④作者　⑤アメリ ーンをつくる。 開するか、予想し、話し合う。	・物語の設定（時、場所、登場人物）や時代背景、アメリカ社会文化等を踏まえて作品を読んでいくおもしろさを体験する機会としたい。 ・シーンを見合う段階では、原作通りの順番としないことで、児童が場面の相互の関連を想像し、作品の展開に興味を持てるようにしたい。 ・『トム・ソーヤの冒険』の本や、マーク・トウェインの作品のほかにも、「冒険」をテーマにした絵本・図書資料をたくさん手に取れる環境を整えたい。
り、その場で作り、鑑賞する（モデリ 険」を紹介する。 す。一人一言セリフや効果音・心の声 流する。 を出し合う。 ンスをまとめる。	・それぞれのエピソードを出し合い、交流する活動を通して、「冒険」とは、「チャレンジをともなうもの」「危険」「自分が成長する」「新しい世界へ行くこと」といった共通点が浮かび上がってくるだろう。歴史上の冒険や物語の世界の中での冒険と、自分たちの日常の中にある冒険に、共通する部分が見つかるに違いない。自分とのつながりを見出すことで物語や歴史に対して、一層の親しみを持てるようになるだろう。
生態系、歴史、船の変遷）。 める。 て、どんな人か、想像する。 ャプテン期に分かれて、絵を書く。	・この学習と合わせて、音楽などで、アメリカ・ミシシッピ川流域で流行した音楽（ジャズ）を紹介したり、「川」にまつわる曲を集めたり歌ったりする活動も行うのもイメージを広げるにはよいだろう。
作る。 続詞を加えたり、表現の工夫（オノマ 年〇組ヒーロー伝説を作る。	・最初から完璧なストーリーを作ることを目的にするのではなく、まずは即興性や遊び心を大切に語り合い、最後に、語りの工夫を加えていくとよいだろう。
ークシートに書く。周りにあってほ の冒険」シーンを作る。方法は「静止 、自由に選んでよいこととする。最初 公が言うこと、最後に、「いつか〜を 明を加えることとする。	・互いの未来の冒険が叶うためには、援助者や環境が必要になる。お互いの冒険シーンを作り上げる体験は、自分の夢を叶えていく経験とも重なる。
了後、単元を振り返り、「冒険」につ 俳句」で交流する。	・単元を通しての振り返りを行うことで、学習したことを統合したり、つなげたりすることができる。

コラム6

異文化理解

吉田真理子

「文化」は、静態的で一枚岩としてとらえられるものではなく、動態的でダイナミックなものであると近年、考えられてきています。南米アルゼンチンのメリナ・ポルト（Melina Porto）は、外国語としての英語の読解（リーディング）において、そのテキストの背景にある文化を学習者が理解するプロセスを研究していますが、「文化」を次のように定義しています。「文化」とは、ある社会的集団のなかで共有されている信条、価値観、態度を指します。その場合の社会的集団は、国や地理的境界線が明確な場合もあれば曖昧な場合もありますし、集団の大きさもそれぞれでしょう。また、その同一集団のなかで共有されていると考えられている信条、価値観、態度も、実は多様性を内包しているかもしれず、またその共有されている信条、価値観、態度も時とともに必然的に変化していくものだろうとポルト氏（2017）は述べています。

また、「異文化理解」というときの「異文化」にあたる英語“intercultural”には、2つ以上の文化が相互に作用を及ぼし、お互いに影響を与え合う関係性を表す“inter-”という接頭辞があります。一方、「異文化」という日本で広く使われることになる訳語では、文化間の相互作用というニュアンスが失われてしまうと細川英雄氏（2012）は指摘し、「相互文化的」という表現に置き換えています。動態的な文化を相互に交換し、自らに取り入れつつ、さらに他者とやりとりをしていくなかで人は、自己の再構築・再更新をしていくわけです。

さて、前述したポルト氏は、スペイン語が公用語となっている南米アルゼンチンという文脈のなかで、英語を外国語として学ぶ学習者が英語で書かれたテキストを読解するプロセスにおいて文化的な事柄にどのように接し理解していくのか、その文化理解のプロセスのモデルを提示しています。

Level 0. 文化的側面への誤った認識（理解）あるいは見落とし

このレベルでは、他の文化について、際立つところには気づいても、それ以外の要因は見過ごしがちで、結果として文化的側面への誤った認識（理解）、あるいは見落としをしてしまいがちです。

Level 1. 文化的な相違への気づき
他の文化の、相違点や興味深いところ、魅力的なところへの気づきです。比べたり向きあったり対比したりすることをとおして文化的な相違に気づきを得ることは、以下 Level 2, 3, 4, 5 への架け橋となります。

Level 2. 自分がもっている価値観、ものの考え方に気づく
自分にとって馴染みのある文化を自明のこととみなしていたことに気づく。このプロセスでは、馴染みのある文化を、距離をおいて見ることで、当たりまえと思い馴染みのあったものが異質なもの、見慣れないものとして見えてきます。自分を理解することが、他者を理解することにつながっていきます。

Level 3. 他の文化を、自分の属する文化の基準で認識する
このレベルでは、自分が属する文化の価値観などを基準にして、他者の態度、価値観、考えを解釈する、ということです。このレベルはステレオタイプな物の見方になりがちであり、それは他の文化を表層的にとらえ、ときには偏見をもった解釈になるおそれもあります。他の文化を理解するとは、他者の信条や態度に対して不信感を抱いたり価値判断を下したりすることを進んで保留にし、相手に好奇心をもち心をひらく態度のことです。

Level 4. 他の文化を、その文化の側に立って認識する
他の文化の規範を知り相手の側に立って理解するというのは、そう簡単にできることではありませんが、英語の言い回しに "putting oneself in someone else's shoes"「(自分の靴を脱ぎ) 他者の靴を履いてみる」というのがあります。それは、他者の立ち位置に立って、状況や物事を知り、把握し、理解しようとする態度のことです。

ちなみに、ドラマ活動でのロールプレイや舞台に立つリハーサルでも、役づくりの際にこの表現はよく用いられます。ドラマ活動における、役になってみるアクティビティは、このLevel 4.の、他者の立場に立ってみる際に不可欠な共感力を育むよいトレーニングになるといえるでしょう。

Level 5. 自分の属する文化を、他の文化の視点から認識する
自文化の態度、価値観、考え方が他の文化的集団からみたらどう映るの

column

か、という視点への気づきです。それはLevel 4.で述べた比喩を用いてみますと、「他者の靴を履いて」自文化で当然とみなされている行動様式や慣習、道徳的な考え方などを振り返る「脱中心化（decentering）」の態度です。

最終段階において期待されるのが想像力と、批判的、そして内省的に自文化を振り返り、自明のこととして受け入れられてきたことを乗り越える力でしょう。ここで、「批判的」という日本語の表現には否定的な意味合いが強いですが、“critical”という英語には、肯定的・否定的両方の意味合いがあることに留意することも大切でしょう。また、以上のモデルのなかで、各レベルは一方通行ではなく、お互いに関連し合うダイナミズムをもっています。他の文化を理解するとは、すなわち複眼的な物の見方を鍛えるプロセスでもあるでしょう。

さて、今回のFMプロジェクトがおこなった一日のドラマ・ワークショップでは、19世紀アメリカ中西部ミシシッピ川流域の文化を題材としました。その題材の読み解きは参加者たちの異文化理解を促すものであったでしょう。その文化の背景となる情報をファシリテーター二人が事前に準備し、ジグソー法を取り入れたアクティビティをワークショップの早い段階で組み込んだことで、ポルト氏の提示するモデルにある「誤った理解や見落とし」、「他の文化を、自分の属する文化の基準で認識する」という段階は参加者にとってクリアしやすかったのではないかと考えられます。「曲の時代背景やひとりの歌手から時代をたどることで時代を越えた異文化理解ができているように思った（81ページ）」といったLevel 4.に近いコメントも参加者からありました。また、英語教員は、学習者が母語を使わず外国語としての英語のみを授業中使うタスクを与えることが多いでしょうが、このワークショップを体験することで、「一度母語でこの活動をやってみて、慣れたのちに英語でやってみることで母語で深い内容も語れるおもしろさと英語という言語面によりフォーカスした活動としての難しさ、おもしろさ、チャレンジ…を味わえるのでは？（46ページ）」という授業における母語と外国語のバランスへの気づきが得られた参加者もいました。また、社会科の教員をめざしている学生は、「もっと国の歴史や文化を知ることへの興味がわいたし、その必要性も感じた（81ページ）」と自身を振り返っています。

一方、このワークショップでは、読むという行為にとどまらず、五感をフルに使い、参加者同士や時にはファシリテーターともやり取りをしながら他文化の背景知識を自分に取り入れたうえで、さらに想像力を働かせて他者と協働で対話も重ねながら作品を創造していくプロセスがありました。それは、参加者それぞれが背景としてもっている文化をも、グループのなかで相互に交換し、やりとりを重ねながら参加者一人ひとりが自身を再構築・再更新していく相互文化交流および相互文化理解の「場」ともなっていたと考えられます。

各アクティビティを体験した参加者の振り返り（第2章の「参加者の声」参照）には、グループ活動のなかで「他者」と自分の違いへの気づきと発見があり、協働でつくりあげる楽しさのなかに「他者」が自身でも気づかなかった側面を引き出してくれ、「他者」への好奇心、称賛、共感をもつプロセスで「脱中心化」もうかがえます。ワークショップが終わるころには未来への一歩を踏み出していく自信と勇気を得た様子もみられます。

相互文化的な理解のプロセスを歩むには、時には飛びこむ勇気と冒険心が必要でしょう。このたびの、「宝」をオニに見つからないよう協力し合って持ち帰る作戦をグループで練るゲームから始まり、それぞれの未来の冒険をグループで表現する活動へと終結していくワークショップは、他文化の理解にとどまらず、参加者それぞれが新たな文化創造へと主体的に乗り出していくウォームアップにもなっているでしょう。

column

【参考文献】

細川英雄『日本語教育学研究3「ことばの市民」になる―言語文化教育学の思想と実践』（ココ出版、2012）

Byram, M. *From Foreign Language Education to Education for Intercultural Citizenship: Essays and Reflections*. Clevedon: Multilingual Matters.『相互文化的能力を育む外国語教育―グローバル時代の市民性形成を目指して』細川英雄監修、山田悦子・古村由美子訳（大修館、2015）

Porto, M. and Byram, M. *New Perspectives on Intercultural Language Research and Teaching: Exploring Learners' Understandings of Texts from Other Cultures*. New York and London: Routledge, 2017.

第4章
学び方を変える
～持続可能な社会をめざして～

会場となった津田塾大学小平キャンパス７号館

"Learning softeneth the heart and breedeth gentleness and charity."

The Prince and the Pauper

「学びは、こころを柔軟にし、温和な親切心と慈しみを育ててくれる」

マーク・トウェイン『王子と乞食』より

●人はエネルギーをたくさん消費する生物

エリシア・クロロティカ（*Elysia chlorotica*）[注1]という不思議な生物がいます。ウミウシの一種の動物なのですが、葉緑体を持つのです。生まれながらに細胞に葉緑体があるのではなく、餌から取り込んだ葉緑体を消化せずに保持し、光合成をしているそうです。植物の葉っぱのような形をしているのは、効率よく太陽光を吸収するためでしょう。2〜3センチの大きさのエリシア・クロロティカはこうして生きていますが、人間がもし光合成で生きていけるとしたら、どれほどの葉っぱの大きさが必要になるのでしょう。

たくさんの細胞が集まり機能分化した生物は、生命を維持するために、たくさんのエネルギーを必要とします。葉緑体を取り込んだ植物は、よく知られているように太陽のエネルギーを取り込んで、光合成によって水と二酸化炭素から炭水化物と酸素をつくり、自分のつくりだした炭水化物をエネルギーにして成長することができます。

人間を含む動物は、植物と違って炭水化物も酸素も自分でつくりだすことができません。植物がつくりだした酸素を吸い、餌を摂ることで植物がつくりだした炭水化物の恩恵にあずかるのです。餌を確保するためには動き回る必要があります。動物とは、うまく命名したものです。動くためには、さらにエネルギーを必要とします。

人間は他の動物と違って、生命維持に必要な最低限のエネルギーだけでなく、調理用、暖房用に始まって、様々な形でエネルギーを消費しています。人間からすると不思議なエリシア・クロロティカですが、他の動物からすれば、人間こそが不思議な動物でしょう。同じ種の動物であれば、世代が変わっても一生に消費するエネルギーはそれほど大きく変わらないのですが、人間の場合、森林伐採や、化石燃料や放射性物質などの鉱物の採掘・精製や、製品の製造・運搬・流通などにエネルギーを消費し、ひとりが一生に費やすエネルギーは世代を経るにつれ増加しています。人口増加とそれを上回るエネルギー消費量の増加は、自然環境を大きく変えてきました。

例えばプラスチックは、人間がつくりだした自然界にない素材です。とても便利な物質で夢の素材と言われてきましたが、人工物であるために使用を終えたとき自然に還らず、大量のゴミとなっています。近年、マスコミによって大々的に取り上げられるようになったマイクロプラスチックは、環境に放置され微細化したプラスチックだけでなく、化粧品などに使用するために製造されてもいます。海洋汚染によって生物を汚染し、その命を脅かすだけでなく、「食う、食われる」の関係の中で、生物体内で濃縮され、いずれは人間の健康にとっても深刻な事態を招きかねません。自然に還るかどうかの配慮もなく、多量に生産・消費し、多量の廃棄物を出し続けているのが私たちの社会です。

●私たちの未来

いきなりエリシア・クロロティカの話から始まってしまいましたが、これは「人間とはどういう生き物か」「現代社会はどこに向かうか」という問いが、「どういう人を育てようとしているのか」という問いと大きく関係していると思うからです。

「現代社会はどこに向かうか」。これは、社会学者見田宗介氏の著書のタイトルにもなっています。見田氏は、現代という時代を考える指標の一つとして、ロジスティック曲線を取りあげています。ロジスティック曲線とは、生物の個体数の推移を示すもので、ある閉じた環境にいる生物は、環境に適合すると一時期急激に増殖しますが、繁栄に成功すると、あるところで個体数の増殖が止まり、その環境資源と調和しながら個体数を一定の範囲で保っていくというものです。何らかの要因で、うまく環境資源と調和できない場合は、滅亡していくことになります。見田氏は、この説を人口にも当てはめ、これまでの人類の歴史を、個体数の増殖前のⅠ期、急増期のⅡ期、増殖後の安定平衡期のⅢ期に分け、現代社会は、急増期のⅡ期から未来の安定平衡期のⅢ期に至る「変曲ゾーン」すなわち変わり目としています。

「変曲ゾーン」として位置づけられる現代社会では、今までの延長線上にある「『高度成長』をなお追求し続ける」方向の種々の現象と、それに抗して「安定平衡期に軟着陸しようとする」方向の種々の現象によって、社会の中で種々の矛盾に満ちた現象がおこります。「何が正しいのか」を見極めにくい、混とんとした時代だと言えるでしょう。

見田氏のこのような論に接して、私は、教育もまた「『高度成長』をなお追求し続ける」方向なのか、それとも「安定平衡期に軟着陸しようとする」方向なのかを問われる時代なのだと思いました。

●「豊かさ」とは何か

「『高度成長』をなお追求し続ける」方向に抗して「安定平衡期に軟着陸しようとする」方向の例を、原発運転差し止め裁判に見ることができます。

2014年5月21日、福井地方裁判所は、大飯原発3、4号機運転差止請求に対して「大飯発電所3号機及び4号機の原子炉を運転してはならない」という判決を下しました。

核分裂による莫大なエネルギーを人為的に安全にコントロールし続けることの難しさ。もしそれに成功したとしても、発電の過程と使用後の発電所の処理で多量に生産される使用済み燃料と放射性廃棄物の処理。原子力の研究者や、原子力発電所を設計・建造し、維持管理している技術者の中には、これらの問題について警告し続けてきた人たちがいます。また、1979年のスリーマイル島、1986年のチェルノブイリと原子力発電所が大きな事故を引き起こしてきたことを知りながら、なぜ私たちは2011年のフクシマの事故を防げなかったのでしょう。「安全を信じていた」というよりも、多量に電力をつくり続けること、すなわち「『高度成長』をなお追求し続ける」方向を維持したいと考えているからではないでしょうか。

そのような状況において、福井地方裁判所は2014年に、大飯原発3、4号機運転差止の判決を下したのです。判決文要旨より引用します。(注2)

「個人の生命、身体、精神及び生活に関する利益は、各人の人格に本質的なものであって、その総体が人格権であるということができる。人格権は憲法上の権利であり(13条、25条)、また人の生命を基礎とするものであるがゆえに、我が国の法制下においてはこれを超える価値を他に見出すことはできない。したがって、この人格権とりわけ生命を守り生活を維持するという人格権の根幹部分に対する具体的侵害のおそれがあるときは、人格権そのものに基づいて侵害行為の差止めを請求できることになる。人格権は各個人に由来するものであるが、その侵害形態が多数人の人格権を同時に侵害する性質を有するとき、その差止めの要請が強く働くのは理の当然である。」

すなわち、生命を守り生活を維持するという人格権が最優先のものであって、多数の人格権が侵害される恐れのあるものを認めるわけにはいかない、としたのです。

さらに、東電側の「原発を稼働しなければ、多額の貿易赤字によって国富が損なわれる」という主張に対して、たとえ原発の運転停止によって多額の貿易赤字が出るとしても、これを国富の流出や喪失というべきではなく、豊かな国土とそこに国民が根を下ろして生活していることが国富であると、その主張をしりぞけています。

高等裁判所で判決は覆されていくのですが、安全と引き換えの「豊かさ」に異議を唱えたこの判決は、「国富」とは何かを問うものであり、我が国の原発訴訟における判決としては画期的なものでした。

さて、こういう時代にあって、私たち教員にとって原子力や原発をめぐる教育はどうあるべきなのでしょうか。

●“それだけの資源が今の世界にあるのでしょうか”

世界に目を転じてみますと、1992年、ブラジルのリオデジャネイロでひらかれた地球サミット（国連環境開発会議）において、国際的行動指針「アジェンダ21」に「持続可能な開発」のための教育の重要性が盛り込まれました。2002年には、日本政府とNGOの提案で「持続可能な開発のための教育」（ＥＳＤ：Education for Sustainable Development）が提唱され、同年、第57回国連総会本会議で2005年から2014年までの10年間を「国連持続可能な開発のための教育の10年」とする決議案が採択されました。

また、2012年6月20日から22日までの3日間、「国連持続可能な開発会議」（リオ＋20）がブラジルのリオデジャネイロで開催され、193カ国が参加。ウルグアイのホセ・ムヒカ大統領の演説が反響を呼びました(注3)。その演説から、いくつかのことばを抜粋してみます。

「この発展を続けることが本当に豊かなのでしょうか？質問をさせてください。もしドイツ人が一家族ごとにもっているほどの車をインド人もまた持つとしたらこの地球はどうなってしまうのでしょう？」
「例えば最も裕福な西側諸国と同じようなレベルで70億80億の人々に消費と浪費が許されるとしたら、それを支えるだけの資源が今の世界にあるのでしょうか。」

グローバル・フットプリント・ネットワークの試算によると、「世界中の人が日本人と同じ生活をしたときに必要な地球の個数2.9個分」(注4)になるそうです。

「我々が今挑戦しようとする目の前の巨大な困難は、決して環境問題ではなく、明らかに政治の問題なのです。人類は今消費社会をコントロールできていない。逆に、人類のほうがその強力な力に支配されているのです。」
「我々は発展するためにこの地球上にやってきたのではありません。幸せになるためにやってきたのです。」
「見直すべきは我々が築いてきた文明の在り方であり、我々の生き方です。」
「環境のために戦うなら一番大切なのは人類の幸せであることを忘れてはなりません。」

経済のコントロールや政治問題をぬきに環境問題が語れないことを示

し、先の「大飯原発３、４号機運転差止請求事件判決要旨」で「国富」を挙げたように、ムヒカ元大統領もまた「豊かさ」とは何かを問うたのでした。

人類が平和に存続し続けるために、新しい価値観や行動を生み出す時代に私たちは生きています。気候危機への対策を求めて、2018年８月からストックホルムの国会議事堂でストを始めたスウェーデンの高校生グレタ・トゥンベリさんに呼応して、世界各国で若者たちが行動を起こしたことは、その象徴と言えるでしょう。

●「持続可能な社会づくりの担い手を育む教育」

日本では、文部科学省や日本ユネスコを中心にESD（「持続可能な開発のための教育」）に取り組んできました。「ESDの10年」を実施するために、文部科学省から【我が国における「国連持続可能な開発のための教育の10年」実施計画】が出されています(注５)。

「持続可能な開発」に関する取り組みはその後、第69回国連総会にて承認された「グローバル・アクション・プログラム」に継承され、2015年には持続可能な開発目標（SDGs：エスディージーズ）が採択され、全世界で取り組まれるようになりました。

持続可能な開発目標（SDGs）は、持続可能な世界を実現するための17のゴール・169のターゲットから構成され、発展途上国のみならず、先進国自身が取り組むユニバーサル（普遍的）なものであり、「地球上の誰一人として取り残さない（leave no one behind）」ことを合言葉としています。具体的なゴールやターゲットには矛盾もあり、今後の見直しも必要となってくるでしょうが、「持続可能な社会」にむけて取り組むことの重要性を世界規模で認識したということは、社会の重要な転換点といえるでしょう。

資料（160-161ページ）は、【我が国における「国連持続可能な開発のための教育の10年」実施計画】をもとに、ESDについて日本ユネスコがまとめたものです。

日本ユネスコ国内委員会

ESD（Education for Sustainable Development）

1. ESD（Education for Sustainable Development）とは？

ESDはEducation for Sustainable Developmentの略で「持続可能な開発のための教育」と訳されています。（注1）

今、世界には環境、貧困、人権、平和、開発といった様々な問題があります。ESDとは、これらの現代社会の課題を自らの問題として捉え、身近なところから取り組む（think globally, act locally）ことにより、それらの課題の解決につながる新たな価値観や行動を生み出すこと、そしてそれによって持続可能な社会を創造していくことを目指す学習や活動です。

つまり、ESDは持続可能な社会づくりの担い手を育む教育です。

ESDの実施には、特に次の二つの観点が必要です。

○ 人格の発達や、自律心、判断力、責任感などの人間性を育むこと

○ 他人との関係性、社会との関係性、自然環境との関係性を認識し、「関わり」、「つながり」を尊重できる個人を育むこと

そのため、環境、平和や人権等のESDの対象となる様々な課題への取組をベースにしつつ、環境、経済、社会、文化の各側面から学際的かつ総合的に取り組むことが重要です。

●ESDの概念図

関連する様々な分野を“持続可能な社会の構築”の観点からつなげ、総合的に取り組むことが必要です。

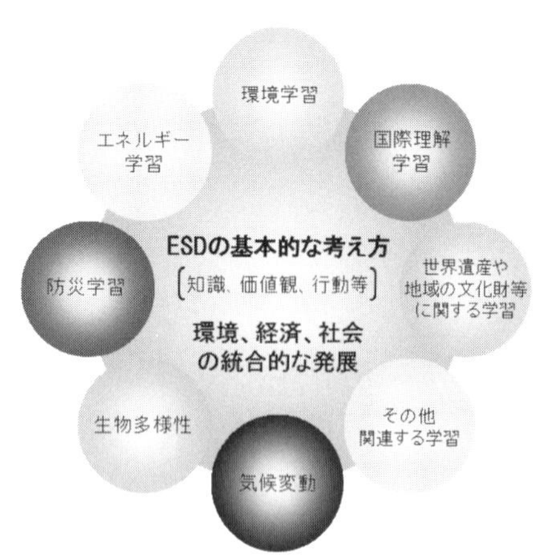

（注1）従来、ESDの訳語については、「持続可能な発展のための教育」と訳し、略称として「持続発展教育」を用いてきましたが、2014年のユネスコ世界会議に向け、日本政府内の訳語を統一する必要があるため、今後ESDの訳語は、政府として作成する文書においては、「持続可能な開発のための教育」としました。

2. ESDで目指すこと

（1）ESDの目標

○ 全ての人が質の高い教育の恩恵を享受すること

○ 持続可能な開発のために求められる原則、価値観及び行動が、あらゆる教育や学びの場に取り込まれること

○ 環境、経済、社会の面において持続可能な将来が実現できるような価値観と行動の変革をもたらすこと

(2) 育みたい力

○ 持続可能な開発に関する価値観
　（人間の尊重、多様性の尊重、非排他性、機会均等、環境の尊重等）

○ 体系的な思考力（問題や現象の背景の理解、多面的かつ総合的なものの見方）

○ 代替案の思考力（批判力）

○ データや情報の分析能力

○ コミュニケーション能力

○ リーダーシップの向上

(3) 学び方・教え方

○「関心の喚起 → 理解の深化 → 参加する態度や問題解決能力の育成」を通じて「具体的な行動」を促すという一連の流れの中に位置付けること

○ 単に知識の伝達にとどまらず、体験、体感を重視して、探求や実践を重視する参加型アプローチをとること

○ 活動の場で学習者の自発的な行動を上手に引き出すこと

(4) 我が国が優先的に取り組むべき課題

先進国が取り組むべき環境保全を中心とした課題を入り口として、環境、経済、社会の統合的な発展について取り組みつつ、開発途上国を含む世界規模の持続可能な開発につながる諸課題を視野に入れた取組を進めていく。

【我が国における「国連持続可能な開発のための教育の10年」実施計画】より

(https://www.cas.go.jp/jp/seisaku/kokuren/keikaku.pdf)

3. ESDに関するグローバル・アクション・プログラム

2013年11月、第37回ユネスコ総会において、「国連ESDの10年」（2005～2014年）の後継プログラムとして「ESDに関するグローバル・アクション・プログラム（GAP）」が採択され、2014年第69回国連総会で承認された。

持続可能な開発は政治的な合意、金銭的誘因、又は技術的解決策だけでは達成できない。持続可能な開発のためには我々の思考と行動の変革が必要であり、教育はこの変革を実現する重要な役割を担っている。そのため、様々な行動によってESDの可能性を最大限に引き出し、万人に対する持続可能な開発の学習の機会を増やすことが必要である。「ESDに関するグローバル・アクション・プログラム」は、この行動を生み出すための枠組みを示すものである。

【持続可能な開発のための教育（ESD）に関するグローバル・アクション・プログラム】

(http://www.mext.go.jp/unesco/004/1345280.htm)

4. ESD QUEST

ESDを分かりやすく説明するストーリーブックです。ぜひご活用ください。

（国際統括官付）-- 登録：平成25年10月

http://www.mext.go.jp/unesco/004/1339970.htm

日本における学習指導要領の改訂もこういった世界の流れと無関係ではなく、2017年に改訂された新しい学習指導要領前文には「一人一人の生徒が、自分のよさや可能性を認識するとともに、あらゆる他者を価値のある存在として尊重し、多様な人々と協働しながら様々な社会的変化を乗り越え、豊かな人生を切り拓ひらき、持続可能な社会の創り手となることができるようにすることが求められる」とあり、教育の目的として「持続可能な社会の創り手」を育むことが明記されています。

今求められている「持続可能な社会の創り手」を育む教育は、地球規模の問題を自らの問題として捉え、それらの課題の解決につながる新たな価値観や行動を生み出す教育なのです。地球規模の問題として、先に挙げた環境問題だけでなく、貧困・人権・平和・開発といった様々な課題を挙げています。これらは別々の問題ではなく、「同じ幹の違う枝」(グレイグ)であり、相互にからみあっています。

持続可能な社会のづくりの担い手に育みたい力として、「持続可能な開発に関する価値観(人間の尊重、多様性の尊重、非排他性、機会均等、環境の尊重等)、体系的な思考力(問題や現象の背景の理解、多面的かつ総合的なものの見方)、代替案の思考力(批判力)、データや情報の分析能力、コミュニケーション能力、リーダーシップの向上」が挙げられています。これらの力は、学校教育だけで育むものではないにしても、学校教育におけるすべての教科、すべての学習活動につながります。

そして、「どのような力を育みたいか」ということと、「どのような方法で学習するのか」ということは密接に関係しています。

持続可能な社会づくりの担い手を育てる教育は、課題を認識し、互いの価値観の違いを尊重しながら話し合い、課題解決に向けて行動できる力を養うもので、正解を与える教育ではありません。従来の知識注入型の教育では、価値観を教えることはできても、育むことは難しいのです。グレイグらが『環境教育入門』に「学習の『手段』が個人の競争、沈黙の学習、教科ごとの知識の切り売り、直接体験よりも抽象的概念による学習の重視、個人の感情の軽視を特徴とするものであったらならば、どんな『メッセージ』を生徒は受け取るだろうか」と書いたように、発せられる言葉よりも、裏に隠された「メッセージ」に学習者は敏感です。学習者を、教えられる存在として受け身の状態に置いたままでは、主体的に課題解決に向けて行動できる人を育てることは難しいでしょう。

【我が国における「国連持続可能な開発のための教育の10年」実施計画】では、学び方・教え方として、学習の一連の流れの中で「学習の過程の中での体験、体感を重視し、探求や実践を重視する参加型アプローチ」と、「活動の場で学習者の自発的な行動を上手に引き出す」ことを明記しています（161ページ参照）。さらに、このような学び方・教え方を実践するために、参加体験型の学習方法や合意形成の手法を活用することや、教育や学習の現場で学ぶ側の意見を取り込みつつ進めることと記されています。これらは文部科学省が新指導要領で打ち出した、「主体的、対話的で深い学び」にも重なるところです。

●教育観が変わる経験

とはいえ、これまでの知識注入型の授業を変えていくということは、容易なことではないのです。なぜなら、これまでの教育経験の多くが知識注入型であったし、また教員になりたい人の多くはその教育にうまく適合してきたため、その方法に疑問を持たなかったのではないかと推測されるからです。

私自身について言えば、かつて京都の高校の理科担当教員として、「分かりやすくて楽しい授業」をしたいと強く願いながらも、「生徒が主体的に学ぶ」という視点よりも、「教師がどう教えるか」という意識が強かったのです。しかしそういう私が、移住した沖縄でそれを覆される経験をすることになりました。

ひとつは、ドラマの手法を知り、非常勤講師としてそれを大学の授業で実践できたことです。「環境問題をテーマにまず演じてみる、そこから考えたことや感じたことを話し合う」というスタイルの授業を、学生たちはとても楽しんでくれました。後半は、学生たちが自分で課題を設定し、授業を展開していきます。楽しそうに学ぶ学生たちの姿から、私は演劇的な手法を使った授業にますます魅せられていきました。授業方法を変えたことで、「学習者を主体とする授業」「学習者同士が話し合って進める授業」が生まれ、授業観が変わっていったのです。学習は単に個人の問題ではなく、どういう場を形成するかということと深くかかわることも実感したのでした。この実践については、『学びの即興劇―テーマを掘り下げ、人間関係を結ぶ』に書いています。

もうひとつは、NPO法人の学校「珊瑚舎スコーレ」での経験です。

珊瑚舎スコーレは、NPO法人の学校ですから、卒業資格を与えることはできません。評価は、学年末に生徒がその教科で学んだことをレポートにまとめ、それに講師がコメントを入れて返すという方法がとられています。出席日数や成績で生徒を縛るのではなく、生徒自身が本来もっている「学びたい」という気持ちに依拠した授業をしています。

例えば、夜間中学校に通うF・Sさん（女性）は、理科が一番好きな理由を次のように述べています。

「想像もしない、考えたこともないことを教えてくれます。昨日は、地球が動いているというのです。今まで毎日太陽が動いていると思っていました。それが反対で地球が動いているというのです。本当かねと思いました。そんなに地球が動いているなら、その上にいる私たちはなぜ逆さまにならないのか分かりません。それが理科の時間で分かってくるのです。びっくりです。勉強が楽しいなんて。七十年余り知りませんでした。」（『まちかんてぃ！』より）

F・Sさんは、若いころから家事、畑仕事、機織りなどと働かなければならず、学校へ行く機会がありませんでした。珊瑚舎スコーレの夜間中学校は、かつて学ぶ機会を奪われた人たちが、将来のためでもなく、学歴のためでもなく、ただ「学びたい」という気持ちから学んでいるところです。「勉強が楽しいなんて。七十年余り知りませんでした」とF・Sさんは語りますが、いま全国の学校に通っている大勢の児童・生徒たちの中で、F・Sさんのように「学びたい」と思い、「勉強が楽しい」ことを知っている人はどのぐらいの割合でしょうか。「地球が動いている」ということを、新しい世界観が啓ける感動をもって学んだ人はどれだけいるでしょう。

「学ぶということは、本来楽しいもの」ということが、F・Sさんの言葉から伝わってきます。

私は珊瑚舎スコーレで、生徒たちがどんどん引き込まれ、気が付けば真剣に考えている理科の授業を見せていただく機会がありました。その後「講師を」という話をいただいたとき、「私にはとても無理」と一旦はお断りしたのですが、結局受けさせていただくことになりました。夜間中学校ではなく、昼間の高等部（高校にあたる）で平和学講座の枠で環境教育を担当しました。初年度の生徒は９名。その生徒たちを前にした戸惑いから授業がスタートしました。

授業が始まらなければ、何人出席しているかも分からない。授業が面白くなければ、態度ではっきり示してくれる生徒たち。評定や出席という縛りもない中では、生徒ひとりひとりの個性や背景が全く違うという、当たり前と言えばまったく当たり前のことが明確に立ち現れるのです。私は自分自身に問い直す必要がありました。それぞれに応じた学習と、学習集団として機能する場を、どのように創っていくのか、と。夏休みまでの前期４ヶ月は、「これまでのやり方がここでは合わない」ということの確認と生徒たちの個性を知ることに費やしたという気がします。講師を受けたときは「生徒はたった９名」と思っていたのに、その９名にてこずっていたのでした。

後期は、自分の教えたいことではなく「生徒のやりたいことをやろう」と腹をくくり、環境問題に関連して各自が読みたい本を読み、それを発表し、話し合うということからスタートしました。その中で、みんなで取り組むテーマが「ファストフードとゴミ問題」に決まり、マクドナルドとモスバーガーにインタビューに行ったり、実際にハンバーガーセットを買ってきて出るゴミを調べたりしました。最終的には「スローフードとファストフード」「市町村のゴミ対策」「マクドナルドとモスバーガーのゴミ対策」「杉並病とゼロエミッション」という４つのテーマに分かれて調べ、それをつなげてスタッフや他の生徒にむけて発表しました。

２年目。生徒４名。思いがけない展開から、生徒たちは寝袋と水・食料をもって一泊二日、沖縄島南部を歩くことを計画しました。自衛隊基地や南部戦跡も通り、軍隊や平和について語り、自分たちの出すゴミについて考え、生きるうえでの飲み水の必要性を痛感し、今生きていることに感謝する、私にとっても忘れられない体験となりました。

「教える」というよりも、「学ぶ」ことをいかに刺激するのか。生徒のやりたいこと、学びたいことをいかに引き出すか。それぞれの異なる興味関心から学びが生まれ、深まっていくために、生徒と話し合うことや生徒同士が話し合うことの大切さ。

文部科学省が「主体的、対話的で深い学び」を打ち出した時、沖縄での経験から得たこれらの「学び」と私の中ですんなり一致したのでした。それでも、私自身に長年染みついた「教えたがり」の気質は、なかなか払拭できないと感じることがありますが…。

学習指導要領で学ぶ内容が細かく決められている学校では、「学びたいことを引き出す」ために時間がかけられず、与えなければならないことも多いのが現実です。また、一人ひとりの個性を生かそうと思うと、40人学級では規模が大きすぎます。「教える」から「生徒が主体的に学ぶ」への転換は、それほどたやすいものではなく、教育環境を整えることや、教員自身が学びやすい条件を整備していくことも同時に必要です。教員研修の在り方も、重要なポイントとなるでしょう。

●「持続可能な社会の創り手」を育てる教員の学び方

先に、文部科学省によって、持続可能な社会の創り手を育む教育のために、学び方・教え方として、学習の一連の流れの中で「学習の過程の中での体験、体感を重視し、探求や実践を重視する参加型アプローチ」と「活動の場で学習者の自発的な行動を上手に引き出す」ことが重要であると書かれていることを述べましたが、これは、教員研修についても同じことが言えます。「主体的、対話的で深い学び」をつくりだすための教員研修が「受け身で、対話がない」学び方であって良いわけがないでしょう。

新しい教員研修の試みは、すでにいろいろなところで始まっています。例えば『あの学校が生まれ変わった驚きの授業』で紹介されたT中学校は、WYSH教育を導入しました。WYSH（ウイッシュ）はWell-being of

Youth in Social Happinessの略で、WYSH教育を簡単に説明するのは難しいですが、本質となる部分は、「人間教育“どう生きるかを考える教育”」だそうです。『中学校「荒れ」克服10の戦略』で紹介された兵庫県伊丹市立東中学校は、PDCAサイクルの確立、教員評価・学校評価、授業研究、学級経営、授業・生活規律の指導、保護者・地域との連携、小中連携など、どの学校でもやっていることをやっているそうですが、管理的な目的ではなく学校全体でビジョンを共有し実践のベクトルを合わせることを重視していることが特徴だそうです。それぞれの学校の取り組み方に特色がありながらも、これらの学校変革の共通の特徴は、生徒中心の授業改革であり、校内での教員研修による教員の主体的な取り組みです。教員自身が、主体的・対話的な学びをしていることが印象的です。

第3章でリフレクションを書いてくださったキューピーこと藤原由香里先生の働く京都府八幡市立美濃山小学校では、演劇的手法を用いた授業と教員研修を実施しています。出江英夫校長のもと、藤原先生を研究主任として、「表現活動をとりいれた主体的・対話的な授業の創造─表現しながら理解を深める学習者を育てる─」というテーマで、校内あげての研究活動が展開されました(注６)。演劇的な手法を手がかりに授業改革を進め、先生方が実際に授業をしてみる授業プランの検討に始まり、事後研修も、授業の一部を実際に子どもの立場で体験しながら実施されています。授業で用いる、15の“演劇的手法”と４つの“なりきって「書く」活動”が教員のあいだで共有され、研修を重ねるなかで、今も活動の手法は更新されています。公開研究会にも演劇的な手法が取り入れられ、外部からの参加者もただ報告を聞くだけでなく、授業の一部を学習者として体験しながらディスカッションできる仕組みになっています。

美濃山小学校の研究活動に助言者としてかかわられた東京学芸大学教職大学院の渡辺貴裕先生は、「対話型模擬授業検討会」を提案し実践されています。教師や教師をめざす学生が学習者の立場で授業を経験し、教師目線ではなく、学習者としての実感に基づいて授業を語ることによって、教師側と学習者側のズレを発見し、本質的な気づきから教師自身の暗黙の前提を問い直し、学習者主体の授業を創り出していこうとする授業検討会です。美濃山小学校での研修にもこのような方法が取り入れられているため、誰かが誰かを一方的に評価するとか、お互いの価値観がぶつかり合うだけで共有できないなどということは起こりにくく、一緒により良い授業をつくっていこうとする前向きで楽しい研修になっています。

●元気になれる教員研修を！

ESDで育みたい力として、資料にも記載されている「持続可能な開発に関する価値観（人間の尊重、多様性の尊重、非排他性、機会均等、環境の尊重等）、体系的な思考力（問題や現象の背景の理解、多面的かつ総合的なものの見方）、代替案の思考力（批判力）、データや情報の分析能力、コミュニケーション能力、リーダーシップの向上」は、社会の一員として育みたい力であると同時に、人を育てる教員には、なおさら必要とされる力です。教員研修を、教員を主体とした「学習の過程の中での体験、体感を重視し、探求や実践を重視する参加型アプローチ」に変えていくことは、教員自身が持続可能な社会の形成者として必要な資質を養っていくことでもあります。

ESDの実施に必要なふたつの観点のひとつに「他人との関係性、社会との関係性、自然環境との関係性を認識し、『関わり』、『つながり』を尊重できる個人を育むこと」と書かれています。先に、他の動物と違って、多くのエネルギーを費やすのが人間の特徴ということを書きましたが、人間にはほかにも他の動物と異なることがあります。自分の生活圏外の他者についても想像し、共感できるという点です。アリやハチに見られるように協力して働く動物もいますが、行ったこともない遠く離れた地域や、遠い未来や過去を想像し、社会への責任を学び、未来社会を変えていこうとすることのできるのは、人間だけです。

この本で記載したワークショップでは、異文化理解をテーマに掲げました。ここで意図した「異文化理解」という言葉は、18世紀のミシシッピ川中西部という歴史や外国の地について理解することにとどまらず、家族や隣人、学校で偶然同じクラスになったクラスメート、ワークショップにたまたま集まった人たちの、それぞれの持つ背景や価値観の理解をも包括しています。人は、それぞれ自分の経験から世界観を作り、それに基づいて価値判断しています。その違いから、誤解や対立や様々な人間関係の軋轢が生じます。大きな規模になると、紛争や戦争に発展していきます。様々な「文化」や「価値観」を理解し、自分の経験を相対化し、誤解や対立を解いていく過程は、けっしてたやすい道ではないのですが、平和に生きていくうえでとても重要なことです。

私たちは、学ぶことを通して、「関わり」「つながり」を身の回りの見える範囲の空間と自分の生きてきた時間から、その外へと拡張していきます。今回のワークショップでは、ジグソー資料、文字と絵、自身の体験、映画などからの情報を、表現と話し合いにより共有し、想像し、一緒に創造していくことで、他者あるいは自身への理解を深めたいと思いました。まるで遊びのように楽しいこれらの活動は、学習しあう関係をつくるというだけではなく、学習の起点として、新たな興味関心を生み、次の学習へのきっかけになると考えています。

教員同士が相互の経験や価値観を尊重し合いながら、「体験、体感と、探求や実践を重視する参加型アプローチ」によって研修をすることで、自らが「主体的、対話的で深い学び」を経験する。そんな研修が積み重ねられれば、児童・生徒にとっても充実した授業がつくられていくのではないでしょうか。

これまで9年間実施してきた免許状更新講習においても、夏休みの貴重な時間を割いて来てくださる先生方に、少しでも元気になって帰っていただきたいと願っていました。そして今回、私たちFMプロジェクトは、“〈トム・ソーヤ〉を遊ぶ”ワークショップに、〜楽しく創造的な学びをめざして〜と副題を付け加えました。ワークショップが終わったときに、自分自身のこれからの教育へのヒントを得つつ、遊びきったあとの子どものように充実感に溢れ、創造性と明日へのエネルギーが湧いてくる。そのような教員研修になればと考えました。これは、FMプロジェクトがめざす教員研修、教員養成の一つの形です。

この本が、楽しく充実した教員研修への一助となり、また授業においては学習計画のヒントとなれば幸いです。

（武田富美子）

【注】

1　BUZZAP「動物なのに光合成して生きてゆける不思議な生き物が存在している」
https://buzzap.jp/news/20120508-elysia-chlorotica/

2　NJP（News for the People in Japan）「大飯原発3、4号機運転差止請求事件判決要旨」
http://www.news-pj.net/diary/1001

3　ムヒカ大統領の演説はユーチューブで見ることができます。
https://www.youtube.com/watch?v=pmEoZ4r21Es

4　日本のエコロジカル・フットプリント2017年版
https://www.wwf.or.jp/activities/lib/lpr/20180825_lpr_2017jpn.pdf

5　『我が国における「国連持続可能な開発のための教育の10年」実施計画』　平成18年3月30日決定 平成23年6月3日改訂「国連持続可能な開発のための教育の１０年」関係省庁連絡会議
https://www.cas.go.jp/jp/seisaku/kokuren/keikaku.pdf

6　2017年度から2018年度まで京都府の研究指定校として助成を受けました。八幡市立美濃山小学校のHPから楽しそうな研修の様子が伝わってきます。
http://www.kyoto-be.ne.jp/minoyama-es/cms/?page_id=175
美濃山小学校の実践については渡辺・藤原両氏により近刊の予定。また、以下にも記載しています。
武田富美子「道徳教育における演劇的手法の可能性―『愛か、理想か』大学生の授業実践を例に」日本演劇教育連盟編集『演劇と教育 No.704』（晩成書房、2018年） pp.4-9
武田富美子「自分事して考える道徳授業～演劇的手法が生み出す協働学習～」ネットワーク編集委員会編『授業づくりネットワーク No.30 授業記録を読もう！書こう！』（学事出版、2018年）pp.68-73
藤原由香里「表現しながら理解を深める学び方～演劇的手法を活かした授業づくり～」ネットワーク編集委員会編『授業づくりネットワーク No.32 学び手中心の授業の始め方』（学事出版、2019年）pp.58-65

【参考文献】

石井英真監修・著、太田洋子、山下貴志編著『中学校「荒れ」克服10の戦略―本丸は授業改革にあった！』（学事出版、2015年）

学校NPO法人珊瑚舎スコーレ編著『まちかんてぃ！―動き始めた学びの時計　沖縄の夜間中学校に通うおばぁ、おじぃのメッセージ』(高文研、2015年)　p.139

木原雅子『あの学校が生まれ変わった驚きの授業―T中学校652日物語』（ミネルヴァ書房、2017年）

グレイグ, Ｓ.・パイク, Ｇ.・セルビー, Ｄ.『環境教育入門』阿部治監訳（明石書店、1998年）p.65

武田富美子『学びの即興劇―テーマを掘り下げ、人間関係を結ぶ』(晩成書房、2008年)

見田宗介『現代社会はどこに向かうか―高原の見晴らしを切り開くこと』（岩波新書、2008年）pp.7-11

渡辺貴裕『小学校の模擬授業とリフレクションで学ぶ授業づくりの考え方』（くろしお出版、2018年）

第 5 章
FMプロジェクトの旅
～プログラム開拓の道のり～

ゲートウェイ・アーチ（セントルイス）での記念撮影

"Grief can take care of itself;
but to get full value of a joy you must have somebody to divide it with."
Following the Equator

「悲しみは時が癒してくれることもあろう。
しかし、喜びを存分にかみしめるには、その喜びを分かち合う人がいなければならない」
マーク・トウェイン『赤道に沿って』のなかの
「まぬけのウィルソンの新カレンダー」より

●思いがけない組み合わせ

ふたりの接点は、渡部淳先生を代表とする獲得型教育研究会（以下「獲得研」）に所属していたことでした。

当時、吉田は同研究会会員の取り持つ縁で東京都にある市立中学校の補習授業で中学生（1年～3年）の有志約25名を対象に、大学4年ゼミ（英語教育）の学生たちとともに、英語劇をつくる活動を毎年行っていました。そして2011年度の劇は『トム・ソーヤの冒険』でした。半年にわたるリハーサルと2度の劇公演を12月に無事終えたあとの生徒たちの達成感と自信にあふれる笑顔にふれて、「冒険」が年齢や時代を越えた普遍的なテーマであることをあらためて認識していました。

さて、同じ年の11月、獲得研「春のセミナー」（2012年3月）のワークショップのテーマのひとつが「大学の授業に演劇的手法を活かす」に決まり、このワークショップの共同ファシリテーターとして武田と吉田に白羽の矢が立ったのです。武田は元高校の教員であり、理科教育、環境教育などのフィールドでドラマを用いる活動を展開している一方、吉田は一貫して研究者として英語教育、ドラマ教育に携わっていました。同じ研究会に所属するとはいっても、物理的にも距離があり、それまで個人的に会話を交わすことはほとんどなく、むしろ「大学の授業に演劇的手法を活かす」ということ以外に接点のなさそうなこの組み合わせは、思いがけないことでした。

3月のセミナーに向けて、メールでやり取りを始めたものの、ふたりで新しいプログラムを開発するには、会う必要がありました。もちろん、どちらかが案を出し、もう一方がそれに意見を付け加える形でプログラムをつくることはできたかもしれません。しかし私たちがそうしなかったのは、ふたりとも対等な関係で向き合って新しい何かを生み出そうとしたからだろうと思います。2012年2月13日。武田が京都から神奈川の地におもむき、昼食をともにし、そのあと吉田の自宅にて夕方まで6時間ほど、雑談も交えながらたっぷり話し合いました。

●「トム・ソーヤの冒険」を題材に─2012年春のセミナー

この日、「冒険」をテーマにとりあげようということは、早い段階で一致をみました。その時はそれほど強く意識していなかったのですが、前年に東日本を襲った未曽有の災害と原発の深刻な事故に影響を受け、何かエンパワメントにつながるワークショップにしたいという思いがありました。一時は「桃太郎」を題材とすることに決まりかけましたが、前述した中学校での実習経験から「いや、冒険ならトム・ソーヤ」という吉田のこだわりの提案があり、話は大いに進展しました。この時、お互いが遠慮なく自分の考えをぶつけ合ったことが、今日に続く土台となっています。

その後はメールや電話で進め、セミナー前日に顔を合わせて最終打ち合わせ、そして３月27日のセミナーを迎えたのでした。

「春のセミナー」の２時間のドラマワークでは、①小説のなかでトム・ソーヤが仲間と体験する冒険のエピソードをいくつか取り上げ演じる、②ワークショップ参加者一人ひとりが過去に体験した冒険を小グループで語り合った後、ドラマ技法を用いて発表する、という２つのアクティビティを主として行いましたが、これがこの本で紹介しているワークショップの原型となっています。

「春セミナー」は概ね好評でした。そして、全体会でワークショップの報告をするふたりに、なぜか参加者の皆さんが大爆笑で反応してくれました。大まじめの私たちがなぜ笑われるのか分からず、あとでスゥサンに尋ねると「コンビのやり取りがボケとツッコミの漫才のようで可笑しい」とのことでした。それほど、コントラストのはっきりしたふたりなのです。

このコンビは、セミナーが終われば解散のはずでした。しかし、ワークショップが終わった日の夕方、振り返りをしながら、「やりきった！」という満足感がないことに気づきました。これで解散するわけにはいかない。このドラマワークをさらに練りたい、あるいはもっと違う題材でも良かったか。作家マーク・トウェインはもう一つの冒険小説『ハックルベリー・フィンの冒険』も書いているわけで、そちらの小説も読み込んでみることになりました。

武田のブログより　　2012年4月9日

◆獲得研「春のセミナー」2012◆

3月27日は獲得研のセミナーでした。これまでもワークショップを担当させていただきましたが、今回の特徴は、ふたりで組んでワークショップをしたということ。

津田塾大学の吉田真理子先生とペアを組みました。これがとても良かった。

何が良かったのか。いろいろ考えてみるのですが、ひとつはお互いこれまでのドラマへのアプローチが違っていて、その違いから学ぶことがあるということ。違うにも関わらず、ドラマへの関わり方という点で、深いところで共感し合えるものがあり、プログラムをつくる過程で、きちんと話し合い納得しながら進めることができました。

話し合いながらプログラムが作れて、終わったあとも話し合えるということが、気づいたり考えたりすることにとても良い。元気になれる。

結果として、「もっと良いプログラムがつくれたのでは」という思いが残り、ペアを解散することなく、次へ繋げていくことになりました。

いつもだと、終ってからひとりであれこれ反省するのですが。今回はふたりだし、おまけにスゥサン、ユリサン、キューピーさんという頼もしい仲間がふりかえりに加わってくれ、話はどんどん発展しました。（後略）

●トム・ソーヤからハックルベリー・フィンへ

『ハックリベリー・フィンの冒険』は、トム・ソーヤの遊び仲間であるハックと逃亡奴隷ジムが筏に乗って旅する物語です。自由州へ向かう蒸気船に乗るためイリノイ州ケイロをめざして筏の旅を続け、いよいよケイロを目前に高揚するジムとは対照的に、心の葛藤を抱えるハック。そこにフォーカスしたドラマワークショップを、獲得研例会（2012年11月）で実施する機会を得ました。

その試みがもとになって、異文化間教育学会第34回大会プレセミナー（2013年6月7日　日本大学文理学部）のプログラム「ドラマをとおして考えるハックリベリー・フィンの冒険」が形作られました。このワークショップでは、主に、ジグソー法とドラマ技法「内面の声」を組み合わせていることが特色となっています。

プレセミナー当日は、武田と吉田が一緒にファシリテーターをつとめるのではなく、ふたりが2時間のワークショップを、それぞれ別のグループを対象に同時進行的に行うという実験的な試みがなされました。時間配分やドラマワークの内容、ファシリテーターの指示出しなど、２人で綿密な打ち合わせをワークショップ直前まで行っているにもかかわらず、実際のワークショップの様子や参加者の反応に相違が表れました。詳細は、『教育におけるドラマ技法の探求―「学びの体系化」にむけて』（渡部淳＋獲得型教育研究会編）に記載しています。

獲得研で、この本の原稿を検討する過程で、私たちの原稿に「まるでカレーと寿司を交互に食べさせられているよう」というコメントがあり、「パイ生地とクリームの調和が絶妙なミルフィーユ」と反論したものの、書く文体も全く異なるふたりであることは確かでした。校正を重ね、最終的には、オリジナルのミルフィーユに仕上がったと思います。獲得研の仲間からは「テリーヌになりましたね」という評価をいただきましたが…。

トム・ソーヤとハックルベリー・フィンのワークショップは、その後も、武田と吉田がそれぞれの大学の授業や免許状更新講習、小学校教員対象の英語二種免許状取得講習などで行っています。次ページに、それぞれが行ったワークショップと、参加者たちの主な声を紹介します。

ハックルベリー・フィンのワークショップ

担当	日付	実施場面	参加者の反応
武田	2013年8月 2014年8月 2015年8月 2016年8月	教員免許更新講習において、対話的で主体的な学習のために、ジグソー法とドラマの手法の体験として実施しました。教科を含む教育活動のなかでどのように表現やコミュニケーションを豊かにしていくかを考えました。	＊自分が「だいたいみんながこう思うはずだ」ということが覆っていくのが面白かった。　＊読むだけではイメージを持ちにくかったものが、やっているうちに気持ちでセリフを言うようになのを感じました。主体的に取り組め、良い方法を知ることができました。　＊「心の声」という活動が非常に面白かった。いろいろな場面で使いたいと思った。(2016年度の参加者の感想より)
武田	2013年11月 2014年6月 2015年5月 2016年5月	「学校教育演習」という教職をめざす3回生必修の教職基礎ゼミに当たる授業で、異文化理解とドラマの手法を体験することをねらいとして実施しました。	＊奴隷制度について考え、心の声を振り返ってみると様々な意見が上がった。「自分がハックなら、自分だけでも助かりたい」という声もあった。時代背景を知ることで、より深く考えられたのではないか。　＊今までに体験したことのないタイプの授業だった。心の声がジクソー法を行った前後で、変わったり変わらなかったりしたところが面白かった。(2016年度の受講生の感想より)
吉田	2013年10月	原書講読英文学科2年生対象の必修科目「Literary Reading II」において、マーク・トウェインの後期の作品『まぬけのウィルソンの悲劇』を原書で読む準備としてのpre-readingアクティビティとして行いました。	＊実際やると、読んだだけではない発見があった。　＊内面の声を考えるときは、小説の行間を読み解いているようでおもしろかったです。　＊台詞に見えない部分（登場人物の内面）を想像したり、周りと共有することで、作品の見え方が変わったり、作品を近くに感じることができた。　＊バックグラウンドを知ってから読むことで、内容の理解がすごく深まりました。

トム・ソーヤのワークショップ

担当	日付	実施場面	参加者の反応
武田	2016年10月	「学校教育演習」の授業で、トムの冒険を静止画で表現したのち、自分の過去の冒険シーンを静止画で、未来の冒険をこころの声で表現しました。	＊自分にとっての冒険は一体何なのか、どのようなことが冒険になるのかすごく考えさせられました。将来に大きな希望を持っていない自分にとっては、大学生として社会人になるために頑張っている今こそが十分冒険しているようにも感じました。　＊自分にとって冒険とは未知なことに挑戦していくものだと思いました。うまくいく時もあれば、失敗する時もあると思いますがそれに立ち向かっていきたいと思います。また、他の人の冒険についていろいろと聞けていい機会だったと思います。
吉田	2016年8月	津田塾大学「平成28年度　小学校英語教科化に向けた専門性向上のための講習」科目：B.英米文学	＊作品を通して自分と向き合うワークショップだった。　＊グループのなかでのワイワイ感が本当の学びなのではないか、と思えた。　＊英語というとき、私たちは実用性を求めすぎてないか？英語は人生を豊かにする手段なのではないか？と考えさせられた。
吉田	2017年8月	鹿児島純心女子大学「平成29年度　小学校英語教科化に向けた専門性向上のための講習の開発・実施」科目：英語文学Ⅰ	＊初めて挑戦した形式のワークショップで始まるまではネガティブでしたが、活動を進めるうちに楽しんでいる自分がいて驚きました。　＊外国の文学に英語で触れることは知っている物語でも興味深いと思った。グループごとにドラマ化するなどお互いを知りあうコミュニケーションにもなり今後に取り入れていきたい。　＊協働で行うことで楽しくできました。子どもたちにもこの楽しさを味わわせたい。

●ＦＭプロジェクト誕生

以上のように、ふたりのワークショップは、獲得研代表の渡部淳先生と獲得研メンバーの強力な支援と協力のもと、2012年に始まりましたが、その後も多様な講座や授業に参加してくださった多くの小・中・高等学校の教員たちや学生たちの率直なフィードバックに励まされてきました。またお互いがそれぞれの実践を報告しあうなか、コラボレーションと振り返りの積み重ねを通して得られた様々な協働的学びを、ふたりが深く実感することができたのです。それによって、さらに協働でワークショップ・プログラムを開発したいという気持ちが高まり、本書に紹介してきた「〈トム・ソーヤ〉を遊ぶ」へと進化・深化していきました。

最初は、〈トム・ソーヤ〉と〈ハックルベリー・フィン〉の２つを柱に、宿泊を伴うプログラムをつくろうと夢見ていましたが、ふたりの日程を合わせることが困難という現実のなか、一日ワークショップに落ち着き、〈トム・ソーヤ〉を核にすることになりました。また、実際にワークショップに参加してもらえる人は限られるので、実践を本にして広く知ってもらおうということも企画しました。出版のために企画書を作成したのが2016年６月。その後、このコンビに名前をつけようと、それぞれの呼び名であるふうみんのＦ、まりこのＭをとって、2017年3月にＦＭプロジェクトと命名したのです。

●トム・ソーヤを訪ねて ～旅日誌より～

〈トム・ソーヤ〉を題材にするなら、ぜひ舞台となったハンニバルとミシシッピ川を体感する遊びの旅に出よう！と、2016年の夏、アメリカ旅行を企画。しかし、中継地点のダラスで暴動がおこり、直前に断念。2017年にようやく実現の運びとなり、おおまかなワークショップ・プランができたうえでの渡航となりました。道中、道草を食いながらの旅でしたが、武田が細かく記録をつけていたアメリカ滞在記から、今回のワークショップへとつながっていく体験談を選んで紹介してみたいと思います。

2017年8月8日（火）晴れ。セントルイス着

セントルイス空港からタクシーでホテル「ヒルトン・セントルイス・ダウンタウン・アット・ジ・アーチ（Hilton St. Louis Downtown at the Arch)」へ。名前の通りアーチのすぐ近く。

ミシシッピ川

まず、本来の目的であるミシシッピ川へ。川の色は、近くで見るとやや透明の黄土色。手を浸して臭いをかいでみると、漁村のような臭いがうっすらとする。対岸が思ったより近くに見える。想像では、もっと川幅が広かったのだが。観光用の蒸気船を模した船が停泊する船着き場が見える。

観光船の船着き場

アーチの最上部にトラムと呼ばれるエレベーターで運ばれ、そこから見下ろしたミシシッピ川は、夕日を浴びて黄土色に輝き、ゆったりと流れる。対岸には貨物列車がゆっくりと走っていた。

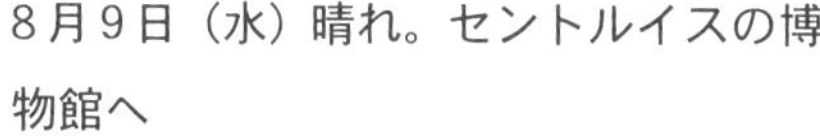

8月9日（水）晴れ。セントルイスの博物館へ

10時頃ホテルのラウンジで、この旅行中で最も豪華な朝食。今日は、無理をしない。

メトロに乗って、まずは明日早朝に出発するバス停の乗り場を確認に行くことに。ところがメトロの切符の買い方が分からない。オロオロしているところへアフリカン・アメリカンらしき駅員がやって来て、陽気にそして親切に対応してくれた。

翌朝のバス乗り場へのシミュレーションが終わって、またメトロに乗ってミズーリ州歴史博物館（Missouri History Museum）へ。

ネット情報により、セントルイスでのマーク・トウェインの足跡が少し

は分かると期待していたにもかかわらず、子ども向け体験コーナーに蒸気船について一部紹介があるものの、それ以上にトウェインに関する情報を仕入れることはできなかった。

けれど、ちょうど公民権運動にかかわる特別展（#1 in Civil Rights: the African American Freedom Struggle in St. Louis）を実施していた。セントルイス市の公民権運動の歴史を調査している学芸員のグウェン・ムーア氏（Gwen Moore）は、「ミズーリ州が奴隷州に仲間入りするか否かという1819年に、すでに『ミズーリは自由州であるべき』という議論があり、それは同市の公民権運動の萌芽ともいえる」と語っていた。そして、ムーア氏は、1940年代に黒人女性が白人女性と食堂に同席することを禁じようとした市の対応に坐り込み抗議（sit-ins）を行った実在の女性実業家を演じる一人芝居のパフォーマンスを、特別展に訪れる人たちの前で披露してくれた。まさに演劇教育！「歴史を語り継ぐことが大切」という彼女のことばが重く心に響く。

メトロ

ミズーリ州歴史博物館

セントルイスで出会ったホテルのボーイ、メトロの係員、バスの運転手などアフリカン・アメリカンたちは、いずれも親切で仕事への誇りを感じたが、ここに至るまでに長い歴史あったということを実感する。

マーク・トウェインとは直接関係がないものの、吉田のこだわりで国立ブルース博物館（National Blues Museum）へ。ブルースは、アフリカからアメリカへと長く苦しい船旅を強いられ、異郷で労働に従事させられた黒人たちから生み出された音楽であり、またジャズと同様アメリカのみならず世界の音楽に影響を与えていった。内面を歌い上げるブルースと、セッションを命とするジャズ。その根底には、故郷を離れた悲しみ、過酷な労働、自由への渇望があり、音楽、歌やダンスは黒人にとって生き延びていく力の源泉となったのだろう。彼らは、アメリカの産業革命と経済発展の担い手であっただけでなく、文化の担い手でもあったのだ。

博物館の展示の仕方が工夫されていて、訪れる人たちが自分で演奏したり、ミキシングしたりといった、参加型の展示が適宜配置されていた。武田が特に面白かったのは、生活用品などでつくった楽器で演奏されるブルース。洗濯板、スプーン、２本の棒、木の筒などをパーカッションに用い、自分も演奏に加わることができる。スプーン１本が楽器になるという発見。手に入るもので楽器を工夫する創造力。参加型の展示の工夫は、今後さらに発展していくことだろう。

8月10日（木）晴れ。ハンニバル（Hannibal）へ移動

７時15分発のバス（Greyhound 1490）でハンニバルへ。10時頃、ハンニバルの町の影も形も見えないハイウェイの途中にあるレストランの駐車場でバスを降ろされ、戸惑う。バスのドライバーにハンニバルへの行き方を尋ねる吉田。ふたりは、ドラバーに連れられハンバーガーショップ・ハーディーズ（Hardee's）へ。店員が電話でタクシーを呼んでくれた。

ハンバーガーとコーヒーを注文して一息ついた後も、タクシーは、待てど暮らせど現れず、気の毒に思った店員が再度電話を入れてくれ、１時間ぐらい経った頃、ようやくタクシーが来た。しかし、ポンコツで車体はボコボコ、車内は最後に掃除をしたのはいつだったか？と思わせるぐらいの散らかりよう。運転手を見て、「ハックルベリー・フィンの飲んだくれ親父みたい」と吉田がつぶやく。運転にもハラハラするふたりだったが、それでも間違いなく、ハンニバルの町、ホテル「ベスト・ウエスタン・オン・ザ・リバー（Best Western on the River）」へ運んでくれた。

まずコンベンションビューロー（Hannibal Convention & Visitors Bureau）で、各種のパンフレットを手に入る。トム・ソーヤの時代そのままかと思えるような街並み、蒸気船風の船、マーク・トウェインの銅像などを眺め、リバーボート乗り場へ。ミシシッピ川の水が瓶詰めで売られている。川砂が混じっており、瓶を振ると濁る。この砂が、川の色の原因なのか。

マーク・トウェインの銅像

15時より約30分、小さな劇場Planters Barn Theaterで"Mark Twain HIMSELF"という一人芝居を見る。マーク・トウェインを演じる役者といえば、アメリカ合衆国のハル・ホルブルック（Hal Holbrook）が知られているが、ハンニバルに移住して15年になるというリチャード・ギャレイ氏（Richard Garey）は、マーク・トウェインに扮するパフォーマンスを長く行ってきた役者で、演出家、劇作家でもある。ハンニバルに住んでいた頃のトウェインについて調査し、ハンニバルにある歴史的な建造物の改修にも貢献している。また、彼のハンニバルについての詩集*Hannibal at the Door*には、画家であるパートナーが挿絵を描いている。近々、朝食付きホテル(Bed&Breakfast)を開業する予定とのこと。ハンニバルの町の人々の、マーク・トウェインの遺産を守り語り継いでいこうとする強い意思と誇りを感じるハンニバル初日だった。

移動の疲れが出て、いったんホテルに戻って小休止したあと、再び町に繰り出すと、広場でライブ演奏している。町の人たちがみなそこへ集まってきているようで、「ハックの親父みたいな」タクシーの運転手の姿もある。『トム・ソーヤの冒険』でトムが恋するベッキー・サッチャーに扮した女の子もいる。今まさに観光シーズンなのだろう。ホテルに戻る頃には、雷鳴がとどろき雨になっていた。

8月11日（金）晴れ。ハンニバルの洞窟とクルーズ

10時頃起床。暑かった昨日とは打って変わって、秋を思わせるような過ごしやすさ。

トローリーバス（Hannibal Trolley）でツアー。まず、マーク・トウェイン・ケイブと名づけられた洞窟へ。マーク・トウェインは少年の頃、よくこの洞窟で遊んだようで、それが『トム・ソーヤの冒険』の洞窟のシー

ンに反映されている。本で読んだ内容と実際の洞窟の様子がみごとに一致していることに驚く。洞窟のなかで頭上高くコウモリが飛ぶのを見ることもできたが、当時はもっと多くのコウモリがいたとのこと。途中、ガイドがすべてのライトを消す演出をし、真っ暗闇を体験した。この闇を、マーク・トウェインも経験したのだろう。

またトローリーバスに乗る。公園(Riverview Park) で一時下車し、ミシシッピ川が見下ろせる場所で景色を楽しむ。トローリーバスはルートのどこでも下車自由だそうで、ガイドは休むことなく、ずっと説明をしてくれる。そこにも、地元ハンニバルへの愛着を感じる。

トローリーバス

マーク・トウェインの少年時代の家(Mark Twain Boyhood Home) も訪れた。『トム・ソーヤの冒険』に出てくるトムの家のイメージそのまま。新たな発見としては、トウェイン一家に雇われていた奴隷の寝る場所が台所であったこと。火種を絶やさないためと朝食の用意のために、敷物１枚を敷いてそこに寝ていたそうだ。主人のベッドと比べるべくもないが、大農園で働かされていた奴隷に比べれば、ましな暮らしであったという。

マーク・トウェインの少年時代の家

マーク・トウェイン資料館 (Mark Twain Interpretive Center) の売店で興味を惹かれたのは、ハックルベリー・チョコレート(Huckleberry Chocolate)。ハックルベリーとはブルーベリーとよく似た実で、ハンニバルのお土産としてこれが一番話題性がありそう。獲得研例会

マーク・トウェインの少年時代の家の塀で

用のお土産として購入。

塀には、トム・ソーヤのエピソードにちなんで、壁塗り用のブラシやバケツが用意されている。

18時頃、今回の最大のイベント、ディナークルーズへ。観光船Mark Twain Riverboatに乗船。一等席と言ってもいいくらいの良い席が用意されていた。18時半になるとジャズの演奏が始まり、ミシシッピ川遊覧が始まる。

ミシシッピ川遊覧船からの夕景

ジャズ演奏を聴きながらの食事は、楽しい。食事が終わると、甲板へ。風が心地よく、最高の気分。沈む夕日を撮影。ここでも案外川幅が狭いと感じるけれど、少年トムたちがボートで無人島に渡り海賊ごっこをする距離と考えると、納得できる。当時、ここを蒸気船が行き来し、筏も下っていた。筏の乗組員たちは飲んだくれで、蒸気船の乗組員たちに向かってヤジを飛ばしていただろう。無人島からトムは蒸気船を見る。ハックとジムが出会う島でもある。実際、川の中ほどに島があり、情景が浮かぶようだ。小説のなかでは、大人たちは帰ってこないトムたちを探すが、なぜ無人島を探そうとしなかったのか。

20時30分に下船。

8月12日（土）晴れ。博物館を巡る

ハンニバル歴史博物館（Hannibal History Museum）では、ハンニバルが西へのゴールド・ラッシュ、西部開拓の拠点となっていたことを知った。特に興味深かったのは、キールボートと平底船の図があったこと。わたしたちのワークショップのアクティビティのひとつに、「ヒーロー伝説」があり、その題材は、キールボートの船長として活躍したマイク・フィンクなので、この博物館に保管されている船の図を見ることができたのは収穫だった。

次に訪れたマーク・トウェイン博物館／美術館（Mark Twain Museum Gallery）には体験型の展示が多く、展示場内につくられた池には水が張

られ、ハックとジムが旅したという筏が浮かべてあった。それに私たちも乗ってみる。筏は想像どおりの大きさだった。その池のそばで、トムとベッキーに出会う。今年の「トムとベッキー」に選ばれた人たちだ。

トム(Eric Hudson)とベッキー(Kendel Locke)

ハンニバルでは、毎年、その年の「トムとベッキー」5組が地元の中学生たちのなかから選ばれる。7月初旬の「トム・ソーヤの日」(National Tom Sawyer Days) にはいろいろなイベントが開催されるが、そのなかでも最も注目を集めるのが、コラム２に記述したその年の「トムとベッキー」5組のなかから最終選考でオフィシャルな１組“The Official Tom and Becky”が７月４日に発表されること。複数回行われる選考には、事業に携わる人達だけでなく、地元の教師たち、ハンニバルのコミュニティのリーダーたち、過去にトムとベッキーに選ばれた先輩たち、観光業界に携わる人たちと、町をあげて関わっている。

「オフィシャル」に選ばれたトムとベッキーは、その一年、ハンニバルを代表する特使として、いろいろな国内外のイベントに参加するが、「オフィシャル」に選ばれなかったあとの4組も含めて、ハンニバルが定めるおよそ300にのぼるプログラム（Tom and Becky Program）に地元代表として参加することが求められる。

地元新聞（“Tom and Becky finalists announced” *Hannibal Courier-Post*, April 22, 2017）を見ると、選ばれた中学生たちの名前だけではなくて〇〇の息子、娘、というように親の名前まで掲載されている。ちなみに、2017年~18年の「オフィシャル」に選ばれたのは、エリック・ハドソン（Eric Hudson）とジェイド・トーマス（Jade Thomas)。私たちが出会ったのはこのエリック・ハドソンとケンデル・ロック(Kendel Locke)という女の子。エリックは、よく通る声で「僕は、トムというより、どっちかっていうとハックルベリーっていう感じだよね、ってよく言われるんだ」と笑いながら語ってくれた。こちらの求めに応じて、トムがベッキーに「婚約しよう！」という『トム・ソーヤの冒険』のなかの有名なシーンを、眼の前で即興で演じてくれた。

前日に訪れた洞窟でガイド役として活躍していたのも、過去にベッキーに選ばれた経験をもつ、今は高校生ぐらいの女性だった。トムやベッキーに選ばれることがこの町の人たちにとって名誉であり、「トムとベッキーの日」を通して、子どもたちは町の発展に貢献することを学んでいくようだ。

そして、この博物館／美術館でも、マーク・トウェインに扮する役者の一人芝居が演じられた。10日にPlanters Barn Theaterで“Mark Twain HIMSELF”を観たときとは別の役者だ。一人芝居というのはまるで落語のようだと感じ、座ったままで何人も演じ分ける日本の落語を、あらためて「素晴らしい文化だ」と見直す。

ハンニバルでのアフリカン・アメリカンの歴史についても知るために「ジムとハックのセンター」（Jim’s Journey–The Huck Finn Freedom Center）も訪れた。この建物は、『トム・ソーヤの冒険』にウェールズ人の家として登場するが、石造りの一部屋だけの平屋だ。1839年に当時の奴隷たちによって建てられたと言われている。センターの責任者で私たちに説明をしてくれたダント氏（G. Faye Dant）はアフリカン・アメリカンの歴史家で、奴隷制の時代から現在に至るまでのミズーリ州およびハンニバルにおけるアフリカン・アメリカンの生きてきた道程を示す写真や新聞記事、手紙や文書、服飾など資料となるものを徹底的に収集して、この資料館を開くことに尽力した。

「ジムとハックのセンター」責任者ダント氏と

2013年9月の開館記念式典には、トウェインが幼少からそのストーリーテリングの才と人柄を尊敬していたという奴隷アンクル・ダニエルことダニエル・カールズ氏の子孫にあたる人物が駆けつけ、スピーチをしたそうだ。カールズ氏は、『ハックルベリー・フィンの冒険』のなかで逃亡奴隷となってハックと筏の旅をする奴隷ジムのモデルとなったと言われる人物でもある。

ここ「ジムとハックのセンター」にも歴史を語り継ぐ使命を感じて生きている人がいる。こういう人と出会うことで、書物や文字情報で知るのとは異なり、歴史上の出来事が一気に身近なものとして感じられる体験となる。

一方、セントルイスと比べ、ハンニバルはアフリカン・アメリカンの割合が少ないと感じた。調べてみると、セントルイスのアフリカン・アメリカンの人口割合は半数近くであるのに対して、ハンニバルの方は10%にも届かない。

8月13日（日）曇り。セントルイスを発つ

６時20分のリムジンバスで空港へ。発券、荷物チェックの後、朝食。フワフワのパンケーキ。定刻通り飛行機が飛び立ち帰路についた。入国の際には何度も関所があったのに、出国はあっさりしていた。けれど、長時間のフライトは厳しい…。

行かなければ分からないことがある。ハンニバルはまさに街中がマーク・トウェインのテーマ・パークといった趣。『トム・ソーヤの冒険』に、トウェインが少年時代を過ごした故郷が鮮やかに描き出されていることがあらためてわかった。

ハンニバルでの滞在は、『トム・ソーヤの冒険』の人気が健在であるだけでなく、現在のハンニバルという町の発展に〈トム・ソーヤ〉が今も貢献していることを実感する旅だった。

ちなみに、この本が世に出る2019年は、ハンニバルの町ができて200年目の記念すべき年にあたるそうです。

●ワークショップ実施へ

ハンニバルへの旅によって、ワークショップのアクティビティ「トムの冒険」の舞台を体感しただけでなく、アメリカの歴史とその中でのアフリカン・アメリカンに関する私たち自身の学びをさらに促進することとなりました。

訪れる先々での見聞をもとに、一日の終わりにホテルに戻ると、感想を話し、ワークショップとその後につくる本の内容や構成、その意味についてもたっぷり語り合いました。時には、話が個人的なことにもおよび、この旅によって、お互いの信頼感を深めたのでした。

ワークショップに与えた最も直接的な変化は、ミシシッピ川に関することでした。当初、会場の壁に川をイメージする布または絵を張り巡らせて、ミシシッピ川を表現したいと考えていました。私たちがミシシッピ川に沿って移動したセントルイスからハンニバルまでの約3時間は、とても長く感じられたものの、川の距離にして約190キロメートル。ミシシッピ川の全長は3,734キロメートルとなれば、ほんの一部にすぎません。一部しか実際にこの目で見ていないものを、小道具をつかって表現しようとするのは無理があるということで断念しました。しかし、個展やグループ展を数多く開催している聡子さんの協力を得て、当時のアメリカを表した地図とミシシッピに生息する動物たち、さらに船の絵も、描いてもらうことができ、もとの案は発展的で創造的なかたちに実を結びました。

こうして、長い準備期間を経て津田塾大学でのワークショップ（2017年12月26日）を迎えました。このワークショップで参加者とともに実施したリフレクションも参考にしながら、立命館大学で行ったワークショップ（2018年6月17日）では、プログラムに少し変更を加えました。

1点目は、ジグソー法の資料に変更を加えたことです。資料④【マーク・トウェインとアフリカン・アメリカン】、資料⑤【『トム・ソーヤの冒険』の登場人物】を加えることで、マーク・トウェインとアフリカン・アメリカンのつながりを示し、「オール・マン・リバー」への導入となることを意識しました（136ページ参照）。2点目は、アクティビティのタイトル「ヒーロー伝説」を「マイクのほら話」と変更したことです。3点目は、終わってからのリフレクションを、アンケートを書いてもらうことにとどめ、あとは三々五々にお茶をのみながら話してもらうこととしました。

もうひとつの、両ワークショップの大きな違いは、知り合いに声をかけた津田塾大学とは異なり、立命館大学では公募で参加者をつのり、資料代をいただいたことです。単に構成メンバーが変わったということにとどまらない違いを意識しながらのワークショップとなりました。他にも、ジグソー法のファシリテーションを吉田から武田に変更したり、それぞれの担当プログラムの実施方法を、当日即興的に変えたこともありました。ワークショップは生きもので、時と場所と人が違えば、まったく同じものにはなりません。詳しくは、第3章をご参照ください。

さらに、2018年8月、獲得型教育研究会夏のセミナーで、「ミシシッピ川をめぐって―あるアフリカン・アメリカンの物語―」として、ポール・ロブソンのアーティストであり活動家としての生き方について考える2時間のワークショップを試みています。

●FMプロジェクトの旅は続く

コンビを組んで7年、ひとりでは生み出し得ないものを創造してきたと実感しています。

グローバル化が加速していく世の中で、異分野の人たちや多文化的な背景をもつ人たちがチームを組むことは、豊かな学びを生み出し、そのチームの構成メンバーのもつ多角的な視点から批判的に振り返り考えることが促進されるといいます。アイゼン氏（Eisen、2000）は、人がチームを組むことでめざすゴールを以下の8つのタイプに分類しています：

(1) 学際的あるいは多文化的な教育
(2) 協働的（学び手がチームのコアメンバーに協力するかたちの）学び
(3) コミュニティ・アクション（専門家と学び手がチームを組み、共同体として社会に働きかける活動をしていくことをめざす）
(4) アクションの起こし方の学び（働き方改革により収益向上をめざす）
(5) 専門的知識の提供（遠隔教育のために、教師がメディアの専門家と組むなど）
(6) 専門性の向上
(7) 調査
(8) 執筆

ちなみに、武田と吉田はチームを組むことで、上の８つのタイプのどの目標を達成してきたでしょうか。それぞれの専門が異なるなかで、学際的、多文化的な教育（1）をめざしてきたことは間違いありません。そして、協働的・互恵的学びのなかで、お互いの専門性向上（6）へと確実につながっています。さらに、ミズーリ州ハンニバルとミシシッピ川を体感する旅は、チームを組んで実施することで、前もって計画していた場所だけでなく、それぞれの関心の赴く場所にもふたりで足を運ぶことで新たな出会いにも恵まれ、ワークショップのテーマについて見聞を広めるだけでなく理解を深める調査（7）となりました。執筆も協働で行っていますので、(8) も含まれます。このようにみてくると、ＦＭプロジェクトは、アイゼンが示す目標の複数を達成してきたチームといえます。

チームとしての歩みは、勤務地から離れたところでの、ある意味非日常的な遊びとワクワクする冒険の旅でもありました。そして、この７年重ねてきた年月は、「主体的・対話的で深い学び」となっていることにあらためて気づかされます。

ＦＭプロジェクトの旅は、今後もさらに進化を遂げながら続いていくことでしょう。

【参考文献】

Eisen, Mary-Jane. "The Many Faces of Team Teaching and Learning: An Overview." In *Team Teaching and Learning in Adult Education*. Eisen, Mary Jane and Tisdell, Elizabeth J., eds. San Francisco: Jossey-Bass, 2000., pp. 5-14.

Fishkin, S.F. *Writing America: Literary Landmarks from Walden Pond to Wounded Knee*. New Brunswick: Rutgers UP, 2017.

渡部淳＋獲得型教育研究会編『教育におけるドラマ技法の探求―「学びの体系化にむけて』（明石書店、2014年）

謝辞 ～あとがきにかえて～

ハンニバルの町ができて200周年を迎える2019年―『トム・ソーヤの冒険』の故郷にとって記念すべき年に、私たちのこれまでの実践研究の集大成ともいえるこの本が世に出ることを、マーク・トウェインも天で祝福してくれているでしょうか。

この本の出発点は、獲得型教育研究会（獲得研）でした。私たちの出会いとワークショップの礎をつくってくださったのは、日本大学の渡部淳先生と獲得研のみなさんです。

この本の核となっているのは、津田塾大学と立命館大学でのワークショップです。ワークショップに主体的にそして熱意をもって参加してくださったみなさんのおかげで、この本を世に送り出すことができました。とりわけ津田塾大学のワークショップに参加してくださったみなさんは、第2章に登場していただき、写真やアンケートなどの掲載も含め、多大なるご協力をいただきました。

キューピーこと藤原由香里さんは現職の小学校教員として、すぅさん（本文中ではスゥサン）こと鈴木聡之さんは元小学校教員であり現在はインプロバイザーとして、お二人とも両方のワークショップに参加してくださいました。そして、そのワークショップ体験について、一参加者というだけでなく、小学校教員として、あるいはインプロバイザーとしての視点から、書いてくださいました。

このたびのワークショップでは、宮﨑聡子さんが描いてくださった地図や動物、船の絵が重要な役割を果たしています。また、平井誠さんのプロフェッショナルな動画記録のおかげで、津田塾大学でのワークショップを活字としてかなり忠実に再現することができました。動画記録からの文字起こしには、松木陽子さんにお世話になりました。尾崎邦夫さんに撮っていただいた写真が、ワークショップの記述に素晴らしい臨場感をもたらしています。

立命館大学のワークショップでは、立命館大学大学生の明瀬智哉さん、大学院生の高橋典寿さんに手伝ってもらいました。スタッフとしての細々した仕事をこなしつつ、突然のキャンセルのために参加者としても活躍してくれました。

さらに2012年の獲得研セミナーからFMプロジェクトを見守ってくれたコミュニケーション・アーツの岩橋由莉さん、仕事の関係で津田塾大学のワークショップには少ししか参加できなかったからと、群馬から立命館大学にかけつけてくれた小学校教員の小菅望美さんは、私たちに勇気を与えてくれました。

2019年度津田塾大学の特別研究費の助成を受けて本書が出版されるまでには、前述した方々のほかにも、実に多くの方々のお世話になってきました。マーク・トウェインとほら話の伝統について熱く語られ、トウェインの世界へと導いてくださった故佐々木みよ子先生（津田塾大学名誉教授）に心から感謝します。

また、時には双方の家を行き来して夜遅くまで相談するふたりを温かく見守り励ましてくれた、双方のパートナーに特別の感謝を捧げたいと思います。

最後になりましたが、晩成書房代表の水野久さんには言葉では言い尽くせないほどお世話になりました。水野さんの多大なるご協力とご支援なしには、この本の出版は実現しませんでした。晩成書房の益々のご発展を心よりお祈り申し上げます。

2019年7月7日　星空に平和を願って

武田富美子・吉田真理子

プロフィール

■編著者

武田富美子（たけだ ふみこ）～ふうみん～

京都生まれ。京都府立高等学校で理科教諭を15年。そののち沖縄で17年暮らし、博士号（医学）を取得。演劇的な手法に出会う。米軍ヘリコプターが墜落した沖縄国際大学での非常勤講師、夜間中学校を併設する珊瑚舎スコーレでの講師経験など、沖縄で人間観や教育観を揺さぶられる。京都へ戻り、立命館大学准教授として教員養成を10年。2019年退職。著書に『学びの即興劇』『実践ドラマ教育』『ドラマと学びの場』（いずれも晩成書房）など。

遊びとは、没頭できる時間。学生や現職教員との演劇的な手法をつかったワークショップは、創造的で楽しく、最高の"遊び"だった。

吉田真理子（よしだ まりこ）～よっちゃん、エル～

東京生まれ、10歳まで海外に暮らす。現地幼稚園で最初に覚えた英語は"Stop talking!" "Be quiet!"「皆がMarikoのほうに注目して、先生の話を聞かない」と父親が先生に叱られる。ニューヨークの現地小学校3年次に、アフリカン・アメリカンが多く入学し、席が隣同士になったCharlesはアフリカの民謡を歌って聞かせてくれた。第二の故郷ニューヨークに戻りNYUで演劇と教育を学びPh.D.取得。現在は津田塾大学学芸学部英語英文学科教授。著書：『生きる力を育む初等英語教育―津田塾大学からの提言―』（朝日出版、共著）『ドラマ教育入門』（図書文化、共著）など。

遊びとは、自由の翼を広げて飛翔すること、人生の糧。

■著者

鈴木聡之（すずき さとし）～すぅさん～

インプロヴァイザー。インプロパーク主宰。武蔵野学院大学国際コミュニケーション学部非常勤講師。元千葉県小学校教員。全国各地でインプロのワークショップ、パフォーマンスライブ、学校現場でのインプロ授業を展開している。

自分にとって遊びとは「時間を忘れて夢中になれるもの」「うまくいってもいかなくても楽しめるもの」。子どもの頃の『メンコ』、雪山での『スキー』。今は、夢中で遊ぶ『インプロ』。

藤原由香里（ふじわら ゆかり）～キューピー～

京丹後市出身。京都府八幡市立美濃山小学校教諭。2019年度現在、国語加配兼研究主任として「演劇的手法を活かした授業づくり」をテーマに校内研究に取り組んでいる。兵庫教育大学大学院学校教育研究科修了（学校教育学修士）。

遊びとは、自分を自由にしながら世界を探究できる無限のステージ。子どもの頃、ごっこ遊びが大好きだった。ごっこ遊びの中では、何者にでもなれたから。

■スタッフ

〔絵画担当〕

宮﨑聡子（みやざき さとこ）

～さとちゃん、青子さん、ヤオ、みやてぃ～

画家、公立中学校美術講師。1988年に武蔵野美術大学卒業。1990年から区立小中学校美術講師。1995年より表参道、下北沢、銀座、越谷、京橋、神楽坂などのギャラリーにてグループ展に参加。2012年 外苑前ギャラリーリスティ青山、2015年 京橋のギャラリー檜にて個展。2016年 六本木、国立新美術館「NAU21世紀美術連立展」会員。

遊びとは、時間を忘れて熱中する事。描くときも、闇雲にキャンバスに絵の具を塗りたくっている時が一番気持ち良く、夢中になってしまう。幼い頃の表現の喜びを思い出す。その感受性が豊かであるほど、日々の生活に彩りと気づきを与えるだろう。

〔映像記録担当〕

平井 誠（ひらい まこと）～マコピー～

フリーランス　映像ディレクター。映像プロダクションに9年間勤務後、フリーランスとして活動。NHKの外郭団体などで作品制作にかかわる。3D映像・マルチ映像等の展示映像や、放送大学の講義番組、大学や企業のe-ラーニングコンテンツ等の制作。

遊びとは、全てをインスパイアさせてくれるツール。遊びのなかも仕事のヒントがあり何歳までにこれをやろうなど、遊びが人生のマイルストーンでもある。

異文化理解ワークショップ
〈トム・ソーヤ〉を遊ぶ
―楽しく創造的な学びをめざして―

2019年12月10日　第1刷印刷
2019年12月20日　第1刷発行

編著者　武田富美子・吉田真理子

発行者　水野 久

発行所　株式会社 晩成書房
● 〒101-0064 東京都千代田区神田猿楽町2-1-16
● 電　話 03-3293-8348
● FAX 03-3293-8349
印刷・製本　株式会社 ミツワ

乱丁・落丁はお取り替えします
ISBN978-4-89380-494-5 C0037
Printed in Japan